장기려, 그 길을 따라

장기려, 그 길을 따라

박지연 지음

KIATS

2015

추천사

이건오 성산 장기려 기념사업회 부회장

큰 바위 얼굴처럼 우리는 존경하는 멘토를 바라보며 그분을 닮아 성숙합니다. 이기주의와 배금주의가 팽배한 우리 사회의 가장 적합한 멘토로서 장기려 박사님을 삼은 것은 매우 적절합니다.

성산 장기려 박사님은 민족의 암울했던 시대에 태어나 일제의 압박과 가난을 겪으면서도 우리 민족의 해방을 염원하며 열심히 공부하여 가난한 사람들의 의사가 되었습니다. 그는 의과대학에 입학시험을 치면서 하나님께 서원 기도한 그대로 죽는 날까지 가난한 사람들을 위하여 살았습니다. 하나님께 한 번 약속한 것을 죽는 날까지 지킨 것입니다.

장기려 박사님이 가난한 사람들에게 관심을 갖게된 것은 십자가에 달려 죽으신 예수님의 사랑을 배웠기 때문입니다. 예수님께서 지극히 작은 자 하나에게 한 것이 곧 내게 한 것이라고 말씀하신 것을 지킨 것입니다.

일반적으로 사랑이 많은 사람은 창의력이 부족한데 장기려 박사님은 하나님의 창조의 원리를 따라 행동하여 오히려 창의적인 사람이 되었습니다. 가난한 사람들을 위하여 청십자의료보험조합을 만들었고, 하나님이 만드신 인체에는 창조의 원리가 있다고 생각하여 간 대량 절제술을 성공하여 학문적으로 큰 업적을 이루었습니다.

그의 눈길이 미치는 곳에는 희망이 솟았습니다. 한국전쟁 와중에 평양에서 부산까지 피난을 와서 가난한 사람들을 위하여 천막병원을 만들어 피난민들의 건강 지킴이가 되었습니다. 죽어가는 결핵 환자들을 위해 요양소를 만들고 간질환자들이 사회의 냉대를 받는 것을 보고 장미회를 만들어 저들을 보살폈습니다.

죽음으로 사랑을 나타내신 예수 그리스도처럼 장기려 박사도 자기가 죽어야 사랑이 나온다고 믿어 늘 자신을 스스로 희생했습니다. 그래서 그의 별명은 바보의사입니다. 사람들은 그를 바보라고 불렀지만 '바보'는 '세상을 바로 보는 사람'의 준말입니다.

이 책을 통해 장기려 박사의 삶과 정신이 널리 알려지고 이를 닮은 귀중한 인재들이 많이 일어나기를 기도합니다.

추천사

박상은 샘병원 의료원장, 대통령직속 국가생명윤리위원장

장기려 박사님을 처음 뵌 것은 제가 막 의과대학을 졸업하고 인턴으로 부산복음병원에서 수련을 받으면서부터입니다. 제가 서울의 유수한 대학병원을 마다하고 굳이 송도 바다를 바라보며 언덕 위에 세워진 자그마한 부산복음병원을 찾아가게 된 것은 바로 장기려 박사님이 그곳에 계셨기 때문입니다. 인턴 시절, 인턴숙소 맞은편 병원 앞뜰에 사신 장 박사님을 자주 뵐 수 있었습니다.

늘 검소한 모습과 흐트러지지 않는 자세로 시편 말씀을 들려주시고, 연세보다 훨씬 해맑은 목소리로 함께 부르신 찬양이 지금도 귓가에 쟁쟁합니다. 낙태문제에 관해 얘기를 나눌 때는 단호한 어조와 엄숙한 모습으로 결코 생명을 포기해서는 안 된다고 가르쳐 주셨으며, 아침 일찍부터 환자를 회진하시며 돌보시는 모습은 인자한 우리 어머니와도 같았습니다.

실력을 갖춘 의사가 되는 것도 쉽지 않지만 장기려 박사님은 우리나라 간 부분절제술과 동물 간이식 실험을 최초로 성공하셨던

최고의 외과 의사였을 뿐 아니라, 가난한 사람들을 따뜻이 품어주시고, 나아가 우리 사회의 근본적인 문제를 해결하시려고 청십자 의료보험조합을 만들어 모든 사람이 의료혜택을 볼 수 있게 만드셨습니다.

가끔 어려운 결정을 내리게 될 때 저는 장 박사님을 떠올립니다. 어려운 문제를 쉽게 풀 수 있는 것은 마음을 비운 사람만이 할 수 있는 것인가 봅니다. 마음이 청결한 자는 하나님을 볼 것이라 하지 않았던가요? 이 세상에서 제가 가장 닮고 싶은 사람이 바로 장기려 박사님입니다.

아! 다시 뵙고 싶은 장기려 박사님, 오늘따라 당신의 순수, 그 순결함과 빈 마음이 그립습니다.

이 책을 읽는 모든 분들이 장기려 박사님의 삶을 마음에 품고 새로운 삶, 섬기는 삶을 다짐하시기를 소망해 봅니다.

목차

추천사

프롤로그

1장　선택 ·· 13

2장　내 눈동자, 그리고 손과 발 ·· 29

3장　백인제 ·· 39

4장　평양, 그리고 기홀병원 ·· 53

5장　해방, 그리고 신탁통치 ·· 65

6장　6·25 ·· 83

7장 목숨을 부지한 죄 ·· 103
8장 더불어 이룬 사랑 ·· 113
9장 하나가 된다는 것 ·· 135
10장 그가 오신 이유 ·· 151
11장 길을 찾다 ·· 167
12장 사랑하는 이가 있는 곳 ·· 181

에필로그
작가의 말
연보

프롤로그

부산 서구 아미동 1가 10번지.
오늘도 어김없이 기려는 그곳을 찾았다.
전혀 사람의 손길로 길들여지지 않은, 허름하고 좁디좁은 판잣집.
그곳에 기려와 그의 동행들을 기다리는 사람들이 있었다.
기려는 옷 소매를 걷어 올렸다. 그러고는 작은 대야에 물을 담아 수건을 빨았다.
꼭 짠 수건을 훌훌 털어 접는 솜씨가 제법 익숙하다.
그는 알아보기 힘들 정도로 때에 찌든 한 남자의 얼굴을 닦기 시작했다.
꼬질꼬질한 모습 뒤로 환한 웃음이 드러났다. 기려는 물이 귀한 터라 속 시원히 그들을 씻기지 못하는 것이 내내 마음에 걸렸다.
남자의 손을 마저 닦긴 기려는 주머니에서 손톱 깎기를 꺼냈다. 남자는 부끄러운 손을 뒤로 뺐지만 기려는 다부지게 남자의 손을 잡아끌었다.

차분히 손톱을 깎는 소리가 작은 판잣집을 울렸다.

기려와 함께하는 '부산 기독의사회'의 발걸음은 이곳을 향할 때면 늘 벅차다.

여덟 명의 행려병자를 돌보는 일은 그들에게 감사함이었다.

돌볼 수 있는 환자가 있다는 것은 모든 순간 하나님이 주시는 기회였으니까.

장기려의 환자를 향한 열정은 하나님을 향한 신앙고백이었다.

그의 관심은 언제나 예수님이 향하셨던 곳과 같았다. 예수님의 마음이 있는 곳은 어디든 상관없었다.

왜 그가 그토록 예수의 마음이 아니면 안 되었는지. 이 책이, 그 마음을 조금이라도 공감할 수 있는 통로가 되길 소망한다.

1장 선택

만일 입학하게 되어 의사가 된다면
의사를 보지도 못하고 죽는
가련한 사람들을 위해 일하겠다고
서원하고 기도했습니다.

36세 여자 환자.

5일간 황달이 지속된 환자로 상복부의 통증과 발열이 있었다. 담낭을 지그시 누를 때 심한 통증을 호소했다. 급성담낭염 및 담도결석으로 진단된다.

"메스."

차갑고 날카로운 칼이 환자의 오른쪽 늑골 하부를 깊이 갈랐다.

"석션."

기계는 연신 솟아 나오는 혈액을 빨아들이느라 요란한 소리를 냈다. 모든 신경이 손끝으로 모였다. 난 깊게 가른 틈을 벌려 담낭의 위치를 찾았다. 내 머릿속은 마치 한 장면씩 사진을 골라내듯, 담도 절제술에 관한 기억들이 선명하게 실제와 대면하며 떠올랐다.

'됐어!'

검푸른 담낭의 모습이 드러났다. 조심스럽게 6센티미터에 가까운 길이의 담낭을 잘라냈다. 곧 담관을 통해 십이지장까지 무사히 흐르는 담즙이 확인됐다.

"T-관."

담관에 T-관을 넣고 봉합했다. 그러고는 마지막으로 혹여 불필요한 더러운 체액이 몸속에 쌓이는 것을 막기 위한 배농관을 넣어 수술을 마무리했다.

환자는 합병증 없이 회복되었다.

"장 선생, 집도를 아주 대담하게 잘했더군!"

백인제 교수의 말에 낯이 뜨거웠다.

"첫 집도를 축하하네!"

"감사합니다, 교수님."

이 감격의 순간을 무슨 말로 표현할 수 있을지. 수술방에서 숱하게 교수님을 도와 왔지만 환자의 목숨을 책임져야 하는 자리에서 잘 감당해낸 첫 수술은 평생 내 기억에서 지울 수 없는 순간이 되었다.

지금에서야 말이지만 처음부터 의사가 되고 싶은 마음은 조금도 없었다. 난 늘 비겁한 사람이었다. 그런 내가 남의 생명을 살려보자고 뛰어들 만큼 대단한 마음을 품었을 리 없지 않은

가. 아직도 메스를 잡는 순간이면 비겁한 나를 십자가 뒤로 감춰달라고 기도한다.

내가 경성의전을 선택한 결정적인 이유는 오로지 학비 때문이었다.

"아버지, 죄송합니다."

그 날, 나에게 실망한 아버지께서는 아무 말씀도 없으셨다.

아버지는 공대에 가서 나라 발전에 이바지할 수 있는 학업을 하길 원하셨다. 하지만 난 송도보통고등학교에서 이과 과목을 배운 적이 없었다. 송도보통고등학교는 기독교 수업과 인문과목을 우선으로 배웠기 때문이다. 생각해 보면 참 당돌한 일이었다. 가장 중요한 과목을 공부도 하지 않고 입학시험을 치렀으니 말이다.

'아, 난 앞으로 무엇을 해서 사명을 다 해야 하나?'

내 안에서 끊임없이 들려오는 소리였다. 사실 먹고 사는 문제도 내겐 너무나 다급한 일이었다. 가세가 기운 탓에 서둘러 학업을 마치고 돈을 벌어야 했다. 그래야 부모님께 손을 벌리지 않고 내 앞가림 정도는 할 수 있지 않겠는가? 답답한 마음으로 여러 날을 보냈다.

"장기려, 고민 좀 해봤어?"

담임은 퉁명스럽게 학적부만 내려다보며 말했다. 난 애꿎은

까까머리를 긁적였다.

"그게, 아직……."

"도대체 뭐가 문제냐?"

사나이 자존심이 있지, 돈 때문이라고 어찌 대 놓고 말할 수 있겠나.

"학비 때문에 그러는 거면 의과대는 어떠냐?"

두 눈이 번쩍 했다. 의과는 사람을 살리려는 책임감을 안고 가야 하는 곳 아닌가? 내 앞가림도 하기 힘든 놈이 남의 목숨을 살리는 고상한 일은 생각해 보지도 못했다.

"그런데 어떻게 아셨어요?"

"뭘?"

"……."

난 도저히 담임의 눈을 마주칠 수 없었다.

"전교 1등 하는 놈이 갈 곳이 없어서 전전긍긍 고민한다는 게 말이 되냐? 돌아가서 잘 생각해 봐. 알겠어?"

"네."

기어들어가는 목소리로 대답을 하고 교무실 문턱을 넘으면서도 가슴 한 곳이 나지막하게 쿵쿵거렸다. 담임과 상담을 마친 이후로 내 하루가 어떻게 지나갔는지 모르겠다. 어둑어둑 땅거미를 등에 지고 걷는 내내 나보다 앞에 선 기다란 그림자가 더 들떠있는 것 같았다. 만약 그림자가 아니었다면 땅에서 떨어져 나와 어딘가로 날아갈 듯했다. 집에 돌아와 밥술을 뜨는 내내 내 머릿속은 온통 '의과대학' 생각뿐이었다.

"기려야, 뭔 일 있는 게냐? 내내 무슨 생각에 잠겼누?"

"어머니, 제가 사람을 살리는 일을 할 수 있을까요?"

어머니는 수저를 든 내 손을 꼭 쥐었다. 그러고는 찬을 내 앞으로 밀어주셨다.

"그것이 진정 네 목적이라면 주님이 할 터이니 걱정은 접어두려무나."

어머니의 말이 내 가슴을 찌르는 것처럼 아팠다. 내가 하루 종일 설레고 쿵쿵거렸던 건 정말 사람을 살릴 수 있는 고귀함 때문이었는지, 그 뒤에 따라올 명예 때문이었는지. 갑자기 마음에 회오리바람이 몰아치듯 아니, 내가 발가벗겨진 듯 뜨거운 수치스러움이 몰려왔다. 하지만 생명에 대한 애틋함은 더 선명하게 내 마음에 남았다.

'주님, 만일 하나님께서 이 길을 허락하신다면 내 평생의 삶을 당신께서 허락하신 가난하고 힘없는 환자들을 위해 쓰겠습니다.'

비겁한 내가 할 수 있는 고백이 아니었다.

'31번 장기려'

1928년 4월 1일 나는 경성의전 의과대학에 입학했다.

경성의전은 3분의 2 이상이 일본인 학생들이었다. 그럴 수밖에 없는 것이 경성의전은 일본 학생을 우대해서 뽑는 것이 관례였다. 어찌 생각하면 일제의 지배를 받는 한 자연스러운 일이지 않겠는가?

비록 31등이라는 비루한 등수였지만 합격의 기쁨에 설레었다. '이제 시작이다!'

새벽 4시, 아직 해가 얼굴을 드러내기 전 작은 등을 켜고 책상에 앉았다. 누구에게도 방해받지 않고 오직 하나님과 마주할 수 있는 시간이다. 오늘도 나에게 어떤 말씀을 깨달아 알게 하실지 늘 떨리는 마음으로 무릎을 꿇는다. 그리고 학교로 나서는 발걸음은 언제나 상쾌한 세상과 만났다. 요즘 틈틈이 보고 있는 〈클럽페레러 진단학〉이라는 독일 의학서적을 다 보려면 아침 일찍 서두를 수밖에 없다. 물론 교과목은 아니었지만 새로운 학술용어들을 접할 수 있는 유용하면서도 흥미로운 책이었다.

나리타 교수가 실습실에 들어섰다.
"'유선'을 새로운 학술용어로 어떻게 부르는지 아는 사람 있나?"

콧등에 걸친 안경 너머로 보이는 그의 눈은 마치 '설마 알겠어?'하는 듯했다. 순간 실습실에 있던 동기들은 서로 눈치를 보느라 정신이 없었다. 행여나 나리타 교수와 눈이 마주칠세라 딴청을 피우기 바빴다.

"'medio-clavicular line', 즉 '쇄골 중앙선'이라고 합니다."

순간 정적이 흘렀다. 모든 눈이 나에게로 쏠렸다.

"이름이 뭐지?"

"장기려입니다."

"3학년 학생이 그걸 어떻게 알았나? 신기한 일이군."

"요즘 〈클럽페레러 진단학〉이라는 책을 흥미롭게 보고 있습니다."

나리타 교수의 입꼬리가 살짝 올라가면서 짧은 숨소리가 새어 나왔다.

"흠, 기특하군!"

실습시간이 끝났다. 하지만 내 시간은 나리타 교수에게 칭찬을 받은 순간에 멈춰있는 듯했다.

"야, 장기려! 너는 학과 공부도 빠듯한데 그런 독일어까지 번역해가며 읽을 시간이 되나?"

기호 녀석이 기가 차다는 듯 어깨에 팔을 두르며 말했다. 난 이내 어깨를 들썩이며 백기호의 팔을 떨어냈다.

"그냥, 매번 수업만 듣는 걸로는 답답해서."

"너는 내과가 적성에 맞냐?"

갑자기 기호가 풀 죽은 목소리로 물었다.

"왜?"

"아니, 넌 나리타 교수 수업을 꽤나 열심히 듣는 것 같아서. 난 아직 무슨 과를 가야 할지 모르겠어. 곧 4학년인데 슬슬 걱정되네."

기호의 말을 듣고 있자니 무슨 과를 가야 할지 고민이 밀려왔다. 딱히 어떤 과가 끌린다고 생각해 본 적이 없었다. 입학이 엊그제 같은데 벌써 전공 과를 고민해야 할 때가 된 거다.

"아휴, 글쎄."

난 한숨을 몰아쉬며 머리를 긁적였다.

걱정도 한순간 우리는 매번 수없이 닥치는 시험들을 치르느라 정신없는 나날을 보냈다. 어느새 4학년 겨울의 끝을 잡고 있었다.

'똑똑똑.'

"네."

사다케 교수의 목소리가 들렸다.

난 옷매무새를 다듬었다. 헛기침도 하면서 목청도 가다듬었다. '삐그덕'거리는 문소리와 함께 얼굴을 들이밀며 사다케 교수의 방에 들어섰다.

"안녕하십니까? 교수님. 장기려입니다."

"어, 그래. 어서 와 앉아요. 무슨 일로 왔나?"

"저, 제가 교수님의 안과 교실에서 조교 일을 하고 싶습니다."

사다케 교수는 의외라는 듯 어깨를 으쓱거리며 말했다.

"나야, 자네처럼 우수한 학생이 도와준다면 좋지."

"감사합니다. 교수님!"

난 넙죽 인사했다.

"그런데 왜 안과를 선택했지?"

그러게, 난 왜 안과를 선택했을까? 순간 할 말이 떠오르지 않았다.

"……."

"안과는 비중이 적은 전공인데 괜찮겠나?"

"네, 상관없습니다."

"비중이 큰 내과를 생각해 보는 건 어떤가? 아마도 내과에 길이 열린다면 그쪽 길을 선택할 확률이 더 높겠지. 난 괜찮으니 기회가 오면 내과를 선택하게."

"저, 네……."

결국 계획 없이 급한 마음에 찾아간 것이 부끄럽게 되었다. 더 공부를 하고 싶지만 형편상 의사고시를 치르고 면허를 얻어 일을 해야겠다는 생각에 날 수만 급급하게 따지다 보니 어렵지 않게 받아 줄 수 있는 곳을 고민하게 된 것이다. 사다케 교수의 방을 나오면서 뒤통수가 내내 뜨거운 느낌이었다. 사다케 교수는 날 위해 충고를 해 주었지만 내가 찾아간 의도는 진심이 담겨있지 않았다는 것을 들켜버린 꼴이 되었으니 말이다. 사다케 교수의 충고는 결국 나의 생각을 바꿨다. 난 나리타 교수를 찾아갔다.

"교수님, 졸업 후에 내과에서 조교로 일할 수 있도록 허락해 주십시오."

1년 전 학생들을 바라보던 나리타 교수의 눈빛은 변함이 없었다. 콧등까지 내려쓴 안경너머 눈빛이 뭔가를 계속해서 생각해 내려는 것 같았다.

"자네군, 장기려."

"절 기억하시나요?"

"쇄골 중앙선을 맞춘 유일한 학생을 어떻게 잊을 수 있겠나?"

순간 긴장했던 마음이 녹는듯했다.

"나야 좋지만 내과에서는 조교에게 월급을 줄 수가 없네. 괜찮겠나?"

아, 첩첩산중이라더니, 이건 또 무슨 일일까?

제대로 의사다운 과를 선택해 보려고 내과를 찾아왔는데 이렇게 높은 비중을 차지하는 내과에서 조수의 월급을 대주지 못한다니.

"당황스럽다는 표정이군."

"저, 그게 아니……."

"괜찮네. 난감해 말고 다른 과도 두드려보게나."

"죄송합니다. 교수님."

난 돌아서 방을 나섰다.

돈이 뭘까?

어렵게 의대를 들어와서 공부했거늘 결국 뜻을 펼치지도 못하고 돈 앞에서 무너져야 하는구나.

'하나님, 왜 자꾸만 현실에서 무너지는 저를 보는 걸까요? 돈은 있다가도 없는 것인데. 물질이 지배하는 이 세상은 늘 변덕스럽기만 하고 결국 이 돈 때문에 절망하게 됩니다. 전 먹고 살아야 하니까요. 돈을 벌 일자리가 있어야 하니까요!'

"뭐해? 나와!"

기호였다. 난 조용히 기호의 뒤를 따라갔다.

"어쩐 일로 도서관에서 엎드려있어? 몸이 안 좋아?"

"그런 거 아냐."

난 계단을 툭툭 발로 치며 퉁명스럽게 말했다.

"무슨 일인데 말 좀 해봐."

"그냥, 진로 때문에 이래저래 알아보던 중이야."

"그래서 결정했어?"

"아, 마음 같아서는 더 공부하고 싶은데. 너도 알다시피 집안 형편이 영 그래서. 교수님들 밑에 들어가 조수라도 하면서 돈을 벌고, 결혼한 후에 공부를 더 할까 했는데."

"그런데?"

"내과에서는 조수에게 월급을 줄 돈이 없다네."

"그래? 내과가?"

"응."

"야, 장기려 힘내! 그러지 말고, 이번 주에 이 백기호가 참한 아가씨 소개할 테니 시간 좀 내라!"

"됐어. 괜한 신경 쓰지 마라."

"약속 잡는다! 시간 꼭 비워둬!"

어찌나 세게 등짝을 치고 갔는지 순간 숨이 턱하고 막혔다. 녀석하고는.

주일 오전 기호를 만나 교회로 향했다. 낯선 곳은 늘 어렵다. 일찍 도착한 기호와 나는 피아노에 가까운 앞자리에 앉았다. 피아노 반주에 맞춰 찬송가를 부르며 예배를 드렸다.

"장기려, 너 피아노 반주하는 아가씨 봤어?"

예배를 마치고 교회를 빠져나오며 기호가 물었다.

"응."

"어때?"

기호가 기대 가득한 눈빛으로 날 바라봤다.

"글쎄."

"그래? 나쁘진 않단 얘기지?"
난 어이없다는 듯 기호를 봤다.
"좋았어! 마음에 들 줄 알았어."
대충 보기에 키도 작고 여리게 보이는 아가씨였다. 사촌 형 때문에 알게 된 동갑내기 최이숙에 비하면 외모가 비교할 게 못 되었다. 그뿐인가, 최이숙은 이화여자 전문학교와 미국에서도 대학원 공부까지 한 똑똑한 여자였다. 그러니, 마음은 있으나 언감생심 꿈도 못 꿀 상대였다. 난 기호 녀석의 말에 별로 신경 쓰고 싶지 않았다.

그런데 백기호 녀석이 사고를 쳤다.
"장기려! 봉숙씨 집에서 널 잘 본 모양이야. 아주 맘에 들어 하던걸!"
"몇 번이나 봤다고."
"야, 그러지 말고 빨리 결정해."
백기호의 성화에 머리가 지끈거렸다. 사실. 나도 참 보잘것없는 사람이다. 누군가에게 청혼을 한다면 날 흔쾌히 받아줄 여인이 몇이나 될까? 철없는 마음에 너무 외모만 생각했던 것이 못내 그녀에게 미안한 생각이 들었다. 그리고 사람의 외모를 보지 않으시고 중심을 보시는 하나님 앞에서 부끄러웠다. 난 그녀에게 편지를 썼다.

봉순씨에게

우선, 부족한 날 좋게 봐 주셔서 고맙습니다.

하지만 그럼에도 불구하고 몇 가지 제안을 하고 싶습니다.

전 예수를 따르는 사람입니다. 나의 아내 또한 그러길 바랍니다.

연로한 부모님을 성실히 돌볼 수 있는 아내를 원합니다.

마지막으로 당분간 아내에게 생활비를 대 줄 수 없는 상황이 될 수 있습니다.

이렇게 부족한 나인데 괜찮겠습니까?

편지를 보낸 지 일주일 만에 답장이 왔다.

장기려 선생님 보세요.
사람의 마음이 이미 충분한데
어려움 앞에서 무너지겠습니까?
당신이 따르는 예수님, 저도 따르겠습니다.
그리고, 저는 준비되었습니다.

2장 내 눈동자, 그리고 손과 발

어느 날 순경이 우리 사택에 들어와서 "아직 이 집에서 나가지 아니하였네." 하고 비웃는 태도로 말한 것을 후에야 듣고 알게 되었는데, 그때에 나의 아내는 성도 안 내고 또 나에게 그것을 들려주지 않았으며 다만 하나님에게 판단해 주시기를 기도했던 것입니다.

겨울비가 추적추적 내린다. 난 급히 장인이 될 김하식 선생의 집을 찾았다.

"어서 오게!"

아직은 편하지만은 않은 방문이다. 식탁엔 따뜻한 밥상이 차려져 있었다.

"자네에게 긴히 할 말이 있어 오라고 했네."

"네, 말씀하십시오."

"전공은 결정했나?"

"아직입니다."

"그래?"

장인의 얼굴에 급 화색이 돌았다.

"자네, 외과는 어떤가?"

"저는 여지껏 내과를 생각했었던 터라 좀 당황스럽습니다."

장인은 내 밥그릇에 노릇노릇한 계란말이를 하나 올려주며 말을 이었다.

"사실 난, 박사학위가 나오면 바로 외과병원을 개원할 생각일세. 날 좀 도와 같이 일해주면 좋겠는데."

외과가 고되긴 하지만 장인의 병원에서 일한다면 나쁘지 않을 것 같았다.

"경성의전 외과에 백인제 교수가 있지. 아주 훌륭한 동기야. 추천할 테니 열심히 배워보게."

백인제 교수의 명성은 나도 익히 들어 알고 있었다. 그런데 내가 그분 밑에서 조수로 일할 날이 올 것이라고는 상상도 해본 적이 없었다. 나는 외과에 관심이 없었으니 말이다.

"감사합니다. 선생님."

그러자 김하식 선생이 정색을 했다.

"선생님이 뭔가! 내일모레면 장인이 될 사람한테. 섭섭하네. 자네."

"죄송합니다. 아직 입에 붙지를 않아서."

"허허허!"

김하식 선생은 뭐가 좋은지 식사 내내 얼굴에 웃음이 가시질 않았다. 심지어 이렇게 말이 많은 사람이었나 싶은 생각이 들 정도였다.

나에겐 참 다행한 일이다. 더욱이 외과에서는 최고봉인 백인제 선생에게 배울 수 있는 기회를 얻었으니 얼마나 큰 은혜인가 말이다. 그리고 조수생활이 끝나면 밥벌이할 수 있는 병원도 정해진 바 다름없으니 그저 감사한 마음뿐이었다.

4월, 아직은 찬바람이 봄을 질투하는 계절. 교회에서는 피아노 소리가 울려 퍼졌다.

많은 사람들을 뒤로하고 우리는 주례 앞에 섰다. 봉숙은 식이 끝날 때까지 팔짱을 낀 내 팔을 꼭 쥐고 있었다. 떨고 있는 것이 내내 마음에 걸리고 안쓰러웠다. 봉숙은 재주가 많은 여인이다. 미술도 잘했다는 말은 장모님에게 입이 닳도록 들었다. 하지만 그녀는 피아노를 선택했다. 봉숙은 화려하지도, 말수가 많지도 않은 여자다. 하지만 항상 그 자리에 변함없이 있었다.

하루는 휴일에 집에서 원고를 쓰고 있었다. 볕이 좋아 봉숙은 마당에서 빨래를 하고 있었다. 그 모습이, 활짝 열어 놓은 방문 밖으로 훤히 내다보였다. 몸도 작은 여자가 화창한 하늘 아래서, 나와 내 가족의 옷가지들을 빨고 툭툭 털어 너는 모습을 보고 있자니 가슴 한쪽이 저려왔다. 햇살이 찬란한 것인지, 사람이 찬란한 것인지 구분할 수 없을 만큼 아름다웠다.

'만약 우리 둘 중 누군가가 먼저 죽으면 어떻게 하나?'

나도 모르게 바보 같은 생각이 밀려왔다.

'서로 멀어지게 되면 금방 잊혀 지려나?'

이렇게 애틋한데 그저 몸이 떨어져 있다고 해서 잊을 수 있단 말인가? 나도 모르게 머리를 흔들었다.

'아니야, 우리의 사랑은 거짓일 수 없어. 비록 이 세상에서 다시는 보지 못하게 된다 해도 영원히 사라지지 않을 사랑이다.'

날마다 봉숙을 바라볼 때마다 하나님이 나에게 주신 가정을 감사할 수밖에 없었다. 저 여인은 어떻게 저토록 철저하게 자신을 희생할 수 있을까? '나'는 없는 상태. 한 사람의 아내, 며느리, 어머니. 자신의 이름 석자는 오간 데 없었다.

누군가의 희생이 없이는 결코 유지될 수 없는 가정이라는 틀을 하나님은 왜 만드셨을까?

난, 내 아내를 보며 예수님의 십자가를 보았다. 반면 어린 시절 예수님의 이야기를 들을 때면 그분처럼 살겠노라고 맹세했던 내 모습은 어디로 갔을까? 결국 난 말뿐인 사람이었다.

'주님, 제가 어떻게 하면 아내를 위해, 당신이 날 위해 목숨도 아끼지 않으셨던 것처럼 사랑할 수 있겠습니까?'

아내의 순종적인 사랑이 날 이토록 그녀만을 위한 한 사람으로 살아갈 결단과 의지를 갖게 했다.

아내는 하루도 나보다 먼저 잠자리에 든 날이 없었다.

"밖에 많이 춥죠?"

내 겉옷을 받아들며 아내가 다정하게 말했다.

"이 시간까지 안 자고 있었소?"

"다음부터는 번거롭게 열쇠 챙기지 마셔요."

내 말에는 대꾸도 없었다. 나야 늘 공부하느라 늦은 시간에 귀가했지만 시부모까지 모시고 사는 사람이 얼마나 고단하겠는가 말이다. 하지만 아내는 내가 집을 나설 때 모습 그대로 귀가하는 날 맞아주었다.

"내가 늦는 게 하루 이틀도 아니니 일찍 먼저 잠자리에 들도록 해요."

아내는 고개를 살래살래 저으며 말했다.

"괜찮아요. 낮 동안 못했던 자수도 하고 좋아요. 참, 부탁하신 서류도 책상 위에 잘 두었으니 확인하시고요."

아내는 내가 부탁하는 일이면 주저 없이 준비해 뒀다.

"오늘 별일 없이 잘 지냈소?"

"네."

살포시 웃으며 대답하지만 그 속내가 오죽할까. 더 이상 위로할 수 있는 말이 없다는 게 그저 미안했다. 이리 무심하게 묻는 나의 진심을 조금이라도 이 지혜로운 여인이 알아주기를 바라는 마음뿐이다.

어머니는 내가 결혼을 하게 되면서 하루아침에 아들을 빼앗겼다고 생각했다. 봉숙을 아들의 아내로 인정하기 힘드셨던 모양이다. 어머니와 아내가 함께 있는 모습을 볼 때면 어찌나 찬

바람이 부는지 내 어머니에게 저런 얼음 같은 마음이 있었을까 싶을 정도였다. 그러니 내가 없는 하루는 안 보고도 어렵지 않게 상상할 수 있는 일이었다.

그럼에도 불구하고 아내는 한 번도 어머니에 대해 이렇다 저렇다 말 한마디 한 적이 없었다. 그런 아내에게, 나는 넘겨짚는 척 위로할 수 있는 주변머리도 없었다.

뿐만이 아니었다. 결혼 후 얼마 지나지 않아 부모님을 모시고 살게 되었다. 그런데 참 난감한 것이 월급을 갑자기 누구에게 맡겨야 할지 혼란스러웠다. 이제 겨우 10원에서 40원을 받게 되었는데 턱없이 모자란 돈인지라 아버지께 모두 드리자니 생활비를 쪼개서 받아 써야 하는 아내가 너무 힘들 것 같았다.

"여보, 이번 달 월급인데."

아내가 내 손을 꼭 잡았다.

"넣어두시고 아버님 드리세요. 전 아버님께 생활비를 타서 쓸게요."

"여보, 지금도 많이 힘든데 괜찮겠소?"

"아버님께 푼돈을 용돈으로 드릴 수는 없잖아요."

하마터면 아내 앞에서 눈물을 쏟을 뻔했다. 아내는 부유한 집안에서 자랐다. 가끔 친정에 다녀오라고 보내면 무슨 일이 있어도 집 앞까지 택시를 태워 보내시는 장모님이셨다. 날 처음 만날 무렵 음악을 더 공부하기 위해 일본으로 유학을 갈 예정이었던 아내의 꿈은 결혼과 함께 물거품이 되어 사라졌다. 그뿐인가. 가난한 남편, 힘든 시부모까지. 그녀가 자란 환경에서는 도저히 견디기 힘든 생활임이 분명했다. 그런데 그녀는 나보다도 더 내 부모를 걱정하고 섬기고 있었다.

"어서 기분 좋게 가져다 드리세요."

아무 말 못 한 채 바라보는 내 마음을 아내는 분명 알았으리라. 난 방문을 두드렸다.

"아버님, 기려입니다."

"오냐."

난 조심스럽게 누런 봉투를 아버지 앞에 내밀었다.

"아버님, 이달부터 아버님이 월급을 맡아 주십시오."

"그게 무슨 소리냐?"

아버지가 작은 소리로 속삭이듯 말했다.

"아버님이 저희 집 가장 어른이시니 살림을 맡으시는 게 맞습니다. 집사람이 아버님께 생활비를 타서 쓸 겁니다."

"네 생각이 정 그렇다면야."

"죄송합니다. 아직 많이 적습니다."

"별말을 다 하는구나. 알겠다. 내 잘 쓰마."

오로지 효심으로 하는 일이지만 더 힘들어질 아내를 생각하니 마음 한 곳이 먹먹했다.

난 아내를 볼 때마다 처음에 생각하지 못했던 것들이 떠올랐다.

누군가의 앞에 섰을 때 난 부족함 없이 선택받을 수 있는 사람이었는지.

이렇게 고결한 사람을 두고 마치 내가 선심을 쓰듯 아내를 선택했다고 생각했는지. 내가 정말 예수를, 그리스도를 마음의 주인으로 둔 사람이었다면 어떻게 예수의 이름을 핑계로 그토록 목이 곧은 사람처럼 교만을 떨었는지. 해볼 테면 해 보라는 식으로 난 책임이 없다고 선전포고를 했는지. 그때를 생각하자 아내 앞에서 점점 작아지는 내가 보였다. 선택은 내가 한 것이 아니었다. 내 아내의 선택이었다. 예수님을 닮고 싶다고 안달하며 살았던 내가 아니라 이미 그 마음을 닮아 있던 그녀에 의해 난 선택된 것이다. 결국 아내를 볼 때마다 하나님이 한 일임을 깨닫는다. 아내를 선택하는 순간에도 비겁했던 날 버리지 않으신 하나님의 사랑이, 날마다 내 눈앞에 기적처럼 살아 숨 쉬고 함께하고 있는 것이다.

3장 백인제

사실, 나의 은사 백인제 교수는
뛰어난 두뇌를 가졌을 뿐 아니라
의사로서도 세계적인 업적을 남긴 사람이다.

"장기려, 임상강의 좀 준비해라."
난 백인제 교수의 갑작스러운 말에 당황했다.
"어떤?"
"골수염."
골수염이면 귀에 못이 박히도록 들었던 교수님의 수업이었지만 선뜻 나설 수가 없었다.
"교수님, 제가 어떻게 교수님 수업을 대신합니까?"
"하라면 하는 거지."
혹여 강의 도중 실수라도 하게 된다면 교수님 얼굴에 먹칠을 하는 격이니 어떻게든 이 상황을 벗어나야겠다는 생각이 간절했다.
"죄송합니다. 교수님. 전 아직 너무 부족합니다."
"장기려, 생각보다 말이 많네?"

난 아무 말도 못 했다. 아무래도 교수님의 마음이 많이 불편한 듯했다.

"알았어. 나가 봐."

이때가 기회다 싶어 잽싸게 인사를 하고 빠져나왔다.

속으로는 강단에 설 생각을 하면 마음이 부풀기도 했지만 갑작스러운 그리고 너무 이른 교수님의 부름에 놀랐다. 사실, 부름에 불순종한 것도 마음이 불편하기는 마찬가지였다. 많이 생각하고 내주신 강의 시간일 텐데. 늘 이런 소심함이 내 발목을 잡았다. 하지만 백인제 교수는 날 그냥 두질 않았다.

"장기려, '급성화농성 충수염에 관한 세균학적 연구'에 대한 논문 준비해."

1년 반 만에 해외 시찰을 마치고 돌아오자마자 백인제 교수는 나에게 박사학위 논문 주제를 던져주었다.

"교수님, 어떻게 오시자마자 학교로 오셨어요."

"그럼, 학생을 가르치는 선생이 학교로 오지 어딜 가?"

난 더 말을 잇지 못했다.

"이 논문 쓰고 박사 달자."

나는 아직도 울타리를 벗어나지 못한 양 같았다. 조선 땅에서 의학 공부를 하는 것도 쉽지 않은데 박사는 꿈도 꾼 적이 없다. 난 이대로 환자들을 돌보면서 밥벌이를 할 수 있는 것만 해도 감지덕지였다.

"그렇게 공부해서 누구 줄려고? 자네가 박사 안 달면 누가 달아?"

교수님의 말에 잠자코 있던 내 마음을 들킨 것 같았다.

공부야 내 일이니까 그저 최선을 다할 뿐이었다.

"할 수 있어. 해봐!"

난 교수님이 준 기회를 놓치고 싶지 않았다. 성공하고 싶은 마음보다는 은혜를 갚고 싶었다.

무슨 이유에서 인지 최근 들어 급성충수염 환자가 많아졌다. 흔히 맹장이라는 곳에 구멍이 생기거나 곪아서 염증이 생기는 환자들이었다. 대부분의 환자들은 죽을 수밖에 없었다. 염증을 가라앉히는 항생제가 있었지만 그 효과는 미미했기 때문이다. 아마도 백인제 교수는 그런 환자들의 고통을 안타까워했을 법 했다.

나는 절제된 충수염 표본과 복부에서 얻어 낸 농즙을 가지고 호기성 배양과 염기성 배양을 했다. 이것은 긴긴 시간과의 싸움이었다. 이백 이른 세 번의 실험 배양을 통해서 얻어 낸 결과는 명백히 드러났다. 배양된 균은 대장균에 속하는 그람음성간균이 약 90%를 차지했다. 난 충수 조직에 들어있는 세균을 그람염색법으로 염색하였다. 그 결과 충수염 초기에 점막층과 점막 아래에 파괴된 곳에서는 그람양성구균과 그람음성간균이 많이 보였다. 그리고 염증이 심해서 구멍이 난 부분에는 그람양성구균이 많았다.

"선생님, 원인균을 알아냈습니다."

나는 벅찬 가슴을 안고 백인제 교수의 방으로 향했다. 뛰는 건지 걷는 건지 모를 만큼 발걸음이 급했다.

"일찍이 궁켈이 관찰했던 결과와 일치합니다. 그람양성구균이 원인균입니다."

2년 반에 걸친 실험이 열매를 맺은 순간이었다.

"그래? 수고했다. 장기려."

백인제 교수는 의자에서 벌떡 일어나더니 내 오른손을 잡고 악수를 하고는 와락 끌어안았다. 마치 그 품은 아버지의 품과도 같았다.

"어떻게 충수 조직 내 세균을 그람염색으로 관찰할 생각을 했나? 참 어디로 튈지 모를 사람이란 말이야. 하하하!"

"다 교수님 덕분입니다. 믿고 맡겨주셨기에 가능했습니다."

"사람도 참, 그만하면 자기 잘난 맛에 살 법도 한데."

난 백인제 교수가 무슨 말을 하는지 잘 이해할 수 없었다. 논문의 주제를 던져 주신 분이 모든 공을 다 나에게 넘기고 있었다. 나야말로 교수님이 아니었으면 도전할 수 없었던 분야였는데 말이다. 모르실 분이 아닌데 왜 당신 덕분이라는 말 한마디 없는지. 갑자기 백인제 교수의 뒷모습이 산처럼 높아 보였다. 내가 평생 오른다고 해도 오를 수 없는 산 같았다. 물론 당대 최고의 외과 의사로 모든 수술을 평정할 정도의 실력은 진작에 내가 감히 따라갈 수도 없는 부분이지만 말이다. 하지만 내가 백인제 교수에게 놀란 것은 실력보다도 인격이었다.

1919년 3월 1일 서울 시내 한 복판에서 일제의 억압에 대항해 독립을 외치던 학생들 130명이 체포된 일이 있었다. 그때 앞 다투어 입에 오른 학생이 바로 백인제 교수라고 했다. 그는 머리로만 세상을 아는 사람이 아니라 가슴으로 세상을 끌어안은 사람이었다. 그렇기에 그토록 민족과 나라를 사랑하는 마음이 불타지 않았겠는가! 백인제 교수는 경성의전을 수석으로 졸업했지만 2년 동안 의사면허를 얻지 못했다. 이유는 독립만세 사건의 주동자였기 때문이었다. 일본은 백인제 교수에게 2년간 총독부 병원에서 일하길 강요했다. 하지만 백인제 교수는 결코 타협하지 않았다.

난 주일이면 늘 예배를 우선으로 했다. 그것만큼은 하늘이 두 쪽이 난다 해도 거를 수 없는 일이었다. 이토록 갑갑한 내 신앙생활을 백인제 교수는 단 한 번도 얕잡아 말 한 적이 없었다. 항상 다른 사람의 마음을 헤아리려 노력했던 분이셨기에 가능했다. 어찌 보면 예수를 믿는다고 자처한 나보다 더 말씀에 가까운 삶을 사셨다. 백인제 교수는 날 참 많이 아꼈다. 내 나이 삼십에 백인제 교수는 큰길을 열어준 셈이었다.

"장기려, 연락받았지?"

"네, 교수님."

"고생했다. 축하해."

"다 교수님 덕분입니다."

일본 나고야 대학에서 의학박사 내정 통고를 받았다. 2년 반에 걸쳐 연구하고 쓴 '급성 화농성 충수염'에 관한 논문이 통과된 것이다. 박사 논문 때문에 일본을 잠시 다녀올 때도 모든 것을 챙겨주신 분 또한 백인제 교수였다.

"이야, 이제 가을이면 장 박사가 되는군!"

백인제 교수의 목소리가 내 마음보다 더 들뜬 듯했다. 하지만 난 마냥 기뻐할 수만은 없었다. 이제 삼십 줄에 접어들었으니 그동안 배우고 갈고 닦은 것을 다른 이들에게 돌려줄 시간이 된 것 같았다.

"장기려, 이제 제자도 키워야지?"

"제자라시면……."

"교수해야지. 자네가 이제 내 자리를 맡아 주게나."

백인제 교수는 내가 선뜻 받아들이기를 기다리는 눈빛이었다.

"어째 대답이 없나?"

"교수님, 제가 넙죽 받을 수 있는 자리가 아닙니다."

"자네는 다 좋은데 야망이 없어. 자리가 준비되었는데 뭘 망설이는 겐가?"

그러게나 말이다. 도대체 난 뭘 망설이는 걸까? 백인제 교수의 후계자 자리면 평생 먹고 살 걱정을 하지도 않을 터. 뿐만 아니라 이쪽 바닥에서는 나는 새도 떨어뜨릴 만큼의 명예까지 얻는 꼴인데. 그리고 내가 어떻게 이 자리까지 왔는가? 다 백인제 교수의 특별한 도움이었는데 배신할 수도 없는 일이었다.

"교수님, 죄송합니다."

백인제 교수의 얼굴에 어느새 웃음기가 사라졌다.

"교수님, 제 오랜 소망은 무의촌 의료를 하는 것입니다. 그간 교수님께 받은 은혜를 힘없고 가난한 사람들에게 나눠야 할 때가 된 것 같습니다."

나도, 백인제 교수도 아무 말이 없었다. 한동안의 침묵 속에서 백인제 교수의 숨소리조차 나에게 끊임없이 교수로 남기를 간청하는 듯했다.

"좋아. 실전에서 의료 활동을 하고 싶다면 마침 대전도립병원에 외과 과장 자리가 비었으니 그곳으로 가지."

고등관의 자리였다. 대전도립병원 외과과장 자리는 쉽게 얻을 수 없는 자리였다. 일본인들도 앉기 힘든 고위 관직이었다. 하지만 계급이 명확한 관직이었던 만큼 더 높은 자리에 있는 일본 관료의 비위를 맞추고 싶지 않았다. 가족들을 생각한다면야 더할 나위 없는 자리였지만 내 마음이 쉽게 움직이지 않았다.
"죄송합니다."
 백인제 교수의 마음을 있는 대로 상하게 하고는 조용히 방을 나왔다.
 나도 참 매몰찬 사람이 아닌가.
 먹고 살길을 찾자면 안면 몰수하고 장인을 도와 병원에 취직을 하던지, 박사학위도 곧 나올 터이니 부자인 처가 덕으로 개인병원을 개원할 수도 있는 일이다. 하지만 십수 년 전 앞길이 막막할 때 의과대를 생각하면서 어떻게 기도했는가.
 지금 내 안의 소리는 '더 이상 하나님과의 약속을 미룰 수 없다.'고 말한다.

 요 며칠 백인제 교수의 얼굴을 보지 못했다. 평소 같으면 어딜 가면 간다고 시시콜콜 일러두고 다니던 분이 아니던가. 무슨 일이야 있겠느냐마는 내가 먼저 교수님 방을 찾는 것도 죄송한 마음에 쉽지가 않았다.
 '똑똑똑'
 창밖을 바라보고 있던 나는 노크소리에 정신이 들었다.
"네, 들어오세요."
"오랜만이야, 장 선생,"
 이용설 박사였다.

"아니, 박사님이 어떻게, 우선 앉으시죠."

"백 교수가 걱정이 이만저만 아니던데. 스승 속을 그렇게 애타게 해서야 되나, 이 사람."

난 애꿎은 귓불을 만지작거렸다.

"그건, 저도 죄송하게 생각하고 있습니다. 사실은 요즘 교수님 얼굴도 뵙기 힘듭니다. 워낙 실망을 안겨드려서 찾아뵐 낯이 없습니다."

"쯧쯧쯧, 잘못한 건 아는군."

이용설 박사는 탁자에 놓인 차를 한 모금 마시고는 말을 다시 이었다.

"그래서 말인데. 자네를 내가 기홀병원에 추천했네. 백 교수는 밤낮으로 자네 걱정이니. 내가 나서기로 했어."

난 뜻밖의 소식에 귀를 의심했다.

"기홀병원이라고 하시면 평양에 있는……."

"맞아, 기독병원이기도 하지. 외과 과장으로 자네만 한 인사가 또 있겠나 싶어 추천했네."

난 기독교 병원이라는 것이 가장 머릿속에 크게 남았다. 이곳이라면 내 사명을 다 할 수 있을 것 같았다. 무엇보다도 이용설 박사는 기독교 병원의 무료진료를 위해 무던히 애쓰고 있는 사람이기도 했다. 애초 무의촌 의료를 소망했던 나로서는 정말 반가운 일이었다. 더 고민할 이유가 없었다.

"가겠습니다. 박사님."

이용설 박사는 가벼운 발걸음으로 돌아갔다. 문제는 지금부터다. 결국 내가 먼저 백인제 교수를 만날 수밖에 없다. 간호사에게 교수님이 계시는지 확인한 나는 교수님 방으로 향했다. 문 앞에 서자 입이 바짝 말랐다.

"교수님. 저 장기려입니다."

"들어와."

난 조심스레 문을 열고 들어섰다.

"이용설 박사는 만났어?"

"네."

이런, 결국은 걱정된 나머지 교수님이 이용설 박사를 먼저 만나신 거였다.

"그래서, 기홀병원으로 맘을 굳혔군."

"교수님의 뜻을 받들지 못해서 정말 죄송합니다."

난 교수님의 눈을 똑바로 바라볼 수가 없었다.

"됐어, 네 뜻이 있는 곳으로 가는데 보내야지."

정말 이렇게까지 누군가에게 무거운 마음을 남기는 것이 힘든 일인 줄 미처 몰랐다. 오직 하나님과의 약속 하나만 붙잡고 떠나는 발걸음은 무거웠다. 하지만 드디어 무의촌 의료에 한 발을 내딛을 수 있다는 것만으로도 나의 마음은 이미 부자가 된 것 같았다. 더군다나 그 사명을 기독교병원인 기홀병원과 더불어 할 수 있는 기회가 생길지도 모른다는 생각을 하니 기대가 컸다. 적어도 기독교와 예수님의 사랑이 꼭 일치하는 것만은 아니라는 사실을 알기 전까진.

기독의사 10가지 강령

1. 예수 그리스도의 마음을 가지자.
2. 너희에게 맡기실 일에 책임감과 사명감을 가지고 임하라.
3. 의학과 의술을 숙련하라.
4. 물질과 명예를 탐하지 말고, 그것들을 배설물과 같이 생각하라.
5. 육의 생명은 죽는 것이다. 영적 생명은 그리스도로 인하여 영생할 수 있는 것이다.
6. 신체의 통증은 민감한 것이지만은 그 통증은 마음과 생각에 영향을 받고 있으므로 정신력으로 극복하도록 권할 것이다.
7. 희생적 사랑으로 환자에게 봉사하라.
8. 기독의사들은 자기의 성격을 진실과 사랑으로 충만케 하여 그리스도의 빛과 향기를 발하도록 하라.
9. 기독의사는 환자의 가정에 진실과 사랑이 깃들도록 교육하라.
10. 그리스도 의료인은 조국과 인류평화의 초석이다.
    기도와 성경과 성령의 인도하심을 따라 자기들의 임무를 완수하라.

4장 평양, 그리고 기홀병원

사면초가 속에서 모욕적인 대우를 받으면서도 사필귀정이라는 신념을 갖고 산 결과 1년이 못 가서 텃세를 부린 쪽이 오히려 창피한 꼴이 되어 1942년부터는 하나님의 커다란 은혜 속에서 나는 환자 치료뿐 아니라 약간의 연구 성과도 거둘 수 있게 되었다.

 평양시 대찰리, 기홀병원은 다른 기독교 병원과 달랐다. 평양에서 활동하다가 순교한 윌리엄 제임스 홀 선교사를 기념하기 위해 세워진 이 병원은 이후 감리교와 장로교가 함께 운영하는 연합병원이 되었다. 이런 형태의 기독교 병원은 세브란스병원과 기홀병원 딱 둘뿐이었다. 진료과목은 내과, 외과, 안과, 산부인과, 이비인후과, X선과 등이 있었고 76개의 유료병상과 10개의 무료병상이 있었다. 그리고 의사 14명 중 12명이 조선인이었다는 사실도 나에게는 특별했다.

"자, 숨을 크게 들이마시고, 내 쉬고."
 8살 된 남자아이의 숨이 끓어질 듯 말 듯 쉰 소리를 냈다.
"쿨룩쿨룩."
 한 번의 들숨과 날숨도 견디지 못하고 기침을 하며 누런 고름을 토해냈다.

"어머님, 아이의 폐 상태가 많이 안 좋은 건 아시지요?"

나만 바라보는 아이 엄마의 눈에 눈물이 그렁거렸다.

"선생님, 이제 어쩌면 좋은가요? 처음에 폐렴이라고 했어요. 약 먹고 치료하면 날 거라고 했어요. 그런데……."

"농흉입니다. 이유는 아직 정확하지 않지만 폐렴 때문에 오는 합병증입니다. 폐에 고름이 찬 거예요. 수술하셔야 합니다."

이내 아이 엄마의 눈에서 눈물이 떨어졌다.

"선생님, 수술 안 하면 죽나요?"

간신히 눈물을 삼키며 울먹이는 아이 엄마에게 무슨 말을 어디서부터 해야 할지 몰랐다.

"수술, 해야 합니다."

끝내 참았던 울음을 터트리며 아이 엄마가 말했다.

"저희는 수술할 돈이, 없습니다."

힘없이 늘어진 아이를 꼭 끌어안은 엄마의 모습이란.

"어머님, 돈 걱정 마시고 수술 날짜 잡고 가세요. 아셨죠?"

"네?"

"아이부터 살리고 봅시다."

평양에 많은 아이들이 폐렴에 시달렸다. 이 아이처럼 합병증으로 발전해서 농흉이 되는 경우도 상당수였다. 폐에 고름이 차면 수술을 해야 하기 때문에 소아과에서 외과로 넘어오는 것이다. 하지만 이 가난한 사람들에게 수술비가 있을 턱이 없지 않겠는가.

"장 과장님. 농흉 환아를 또 그냥 보내신 거예요?"

수간호사의 핀잔이 아침부터 귀를 울렸다.

"내 월급에서 제하라고 원무과에 얘기해요."

"과장님! 이번 달에는 더 제할 월급도 없어요."

"음, 그럼 다음 달 거에서 제하라고 하세요."

수간호사는 한심하다는 듯 머리를 저었다.

"정말, 과장님을 누가 말리겠어요."

그럼 어쩌란 말인가?

아이는 곧 죽게 생겼고, 아이의 부모는 돈이 없고. 난 의사인 것을.

'도대체 왜 대부분의 아이들이 폐렴에서 농흉까지 발전하게 되는 것일까?'

난 수술한 20명의 아이들의 폐에서 제거한 고름을 현미경으로 관찰하기 시작했다. 그런데 놀랍게도 그중 17명의 아이들의 고름에서 포도상구균을 발견했다. 이것은 놀라운 사실이었다. 지금까지 농흉의 원인은 폐구균이라고 굳게 믿고 있었는데 그것이 아니라 포도상구균이었다니. 여지껏 닳도록 봤던 병리학책에서는 본 적 없는 내용이었다.

어려운 시기에 엎친 데 덮친 격으로, 물가가 갑작스럽게 무서운 속도로 올랐다. 3년 동안 중국과 전쟁을 해온 일본이 점점 흔들렸기 때문이다. 급기야 물가가 오르는 것을 막기 위해 경제경찰을 도입해 감시했다. 하지만 먹고 살기 힘들고 불안한 심리를 경찰의 힘으로 쉽게 잡아지지 않았다. 심지어 일본은 쌀을 강제 배급하기 시작했다.

일본은 더욱 강하게 조선의 목을 조여 왔다. 신사참배를 앞세워서 민족운동과 기독교를 탄압한 것이다. 결국 의료선교를 목적으로 세워진 교회들도 제거의 대상이 됐다.

기홀병원 역시 피해 갈 수 없는 막다른 길에 다다랐다.

기홀병원의 원장 앤더슨이 바로 의료선교로 조선을 밟은 선교사였기 때문이다.

그는 신사참배에 강력하게 반대했다. 그리고 그 대가는 혹독했다.

"장 과장님, 기홀병원의 원장을 맡아주십시오."

"그게 무슨 말씀입니까?"

"잘 아시겠지만. 전 의사이기 이전에 선교사입니다. 일본이 신사참배를 반대하는 날 가만두지 않을 테지요. 이제, 때가 된 것 같습니다."

"그래도 전 이곳에 온 지 이제 6개월입니다. 더 오래 계신 분들도 있는데 그건 곤란합니다."

정말 이 난관을 어찌해야 할지 막막했다.

"장 과장님, 이 병원에서 박사학위를 받은 사람이 누굽니까?"

난 더 이상 빠져나갈 수 없다는 사실을 깨달았다.

"장 과장님뿐이지 않습니까? 원장은 박사학위 없이는 안 됩니다. 늘 기도하겠습니다."

얼마 후 앤더슨 원장은 미국으로 추방되었고, 난 기홀병원 원장이 되었다.

병원 업무를 익히며 환자를 진료하면서 3개월이라는 시간은 시위를 떠난 화살처럼 빠르게 지나갔다. 그러던 중, 이사회의 고문인 베이커 박사가 날 찾아왔다.

베이커 박사의 얼굴이 어둡다 못해 뭔가 불만이 가득한 표정이었다.

"돌려서 얘기하지 않겠습니다."

목소리마저도 싸늘했다.

"장 원장 그렇게 안 봤는데, 아주 겉과 속이 다른 사람이군요."

"그게 무슨 말씀이십니까?"

대뜸 나에게 겉과 속이 다른 사람이라니.

"장 원장이 기홀에 올 때 병원이 얼마나 술렁였는지 아시오? 그럼에도 불구하고 이용설 박사 얼굴을 봐서 자리를 내주었더니. 이제 원장 자리에서 경성의전 출신들을 골라가며 과장으로 받아주고 있다지요?"

이 금시초문인 이야기를 어떻게 해명해야 할지 머릿속이 지끈거렸다.

"베이커 박사님, 뭔가 오해가 있는 것 같습니다."

"그러시겠지, 장 원장. 그럼 기홀병원의 정신인 기독교사상을 무시하고 신사참배를 강요한 건 어떻게 설명하겠소? 당한 사람이 있는데 발뺌할 거요?"

내 안에서 화가 치밀었다.

"박사님, 어떤 오해의 거리를 가지고 말씀하시든 저와는 상관없는 일이니 신경 쓰지 않겠습니다만, 하나님 앞에서 신사참배라니요!"

"산부인과 조동협 과장과 소아과 양요한 과장이 내게 직접 한 얘기요!"

조동협 부원장, 양요한 회계. 세브란스의전 출신인 둘은 늘 티격태격하는 사이였다. 그런데 그 둘이 한 편에서 날 겨눴다는 사실을 짐작할 수 있었다. 상대할 가치조차 느끼지 못할 경우였다.

"처음부터 원장 자리에 관심도 없었던 사람이지만 이렇게 억지 죄를 씌워서 물러나라는 것은 말이 되지 않습니다. 난 경성의전 출신을 우대한 적도, 신사참배를 강요한 적도 없습니다."

"뭐요! 그래서 지금 내 말에 복종할 수 없다는 겁니까?"

베이커 박사는 탁자를 내리치며 부르르 떨었다. 난 단호하게 대답했다.
"그렇습니다."
"두고 봅시다!"

'쾅!'
방문이 요란하게 닫쳤다. 그리고 얼마 후 난 외과 과장으로 강등되었다.
"장 선생님, 왜 이렇게 침묵하십니까?"
이비인후과 과장이 찾아왔다. 그는 단단히 각오하고 날 만나러 온 것이었다.
"뭘 말인가? 난 할 말이 없네."
"선생님이 허락하시면 제가 앞에서 싸우겠습니다. 선생님을 기홀에서 끌어내리는 무리들을 가만두실 겁니까? 저는 속이 끓어 두고 볼 수가 없습니다!"
빨갛게 달아오른 얼굴이 당장 일을 벌일 기세였다.
"이보게, 옳은 것은 옳다. 아닌 것은 아니라고 하면 되는 것이지. 더 이상 무엇이 필요하겠나. 난 아니니 됐고. 그만 진정하고 돌아가게."
나를 위해, 기를 쓰던 이비인후과 과장을 돌려보내고나니 문득 이런 생각이 들었다.
'주님, 당신은 저와 같은 처지에 있게 되면 어떻게 하시겠습

니까?'

한참을 그 질문을 붙잡고 생각에 잠겼다.

'무엇을 어떻게 해. 네게 맡겨진 일에 충성하면 되지 않겠니.'

주님이 들려주시는 세미한 응답이었다. 맞다. 내가 맡은 일은 오직 환자를 돌보는 일이니 지금도, 내일도 그저 이 일에 힘쓰면 되는 것이었다. 진리는 늘 단순하게 나에게 답한다. 이번에도 명쾌하고 정확하게 날 깨닫게 하셨다.

후임 원장으로는 김명선 선생이 일을 보게 되었다. 난 김명선 원장이 반가웠다. 하지만 모두가 내 맘 같지는 않았나 보다. 김명선 원장은 나를 늘 주시하는 세력들과 한 마음이 되어 눈에 가시처럼 나를 대했다.

하지만 가끔은 사람의 생각으로 이해할 수 없는 일들이 벌어지곤 한다.

"장 과장, 연말 보너스 두둑이 넣었네. 일을 많이 하는 사람에게 보너스를 더 주는 게 당연하지 않은가!"

다른 선생들보다 250원이나 더 많은 보너스였다.

"이것은 너무 과한 것 같습니다."

김명선 원장은 고개를 저었다.

"내가 당해 보니, 장 과장이 얼마나 대단한 사람인지 알게 됐소."

참 딱한 일이었다. 날 쫓아내려고 함께 모의했던 사람들에게 결국 김명선 원장도 배신당하고, 있지도 않은 사실로 곤욕을 치르고 있었던 것이다. 나라고 귀가 없겠는가. 알고 있었지만 워낙 자존심이 높은 사람이니, 그저 잘 버텨내길 기도할 뿐이었다.

"그렇게 보실 것 없습니다. 전 의사니 환자 돌보는 일만 신경 쓰면 되는 일이지요."

"나는 장 과장처럼 못하오. 내가 억울한 지경인데 다른 사람이 어떻게 눈에 들어온단 말입니까? 그뿐이오? 허구한 날 환자들 부족한 피를 사다 대느라 월급을 털어 붓는다고 들었소."

"허허허, 저도 다 먹고 살 꾀를 피웁니다."

나도 모르게 헛웃음이 나왔다.

"장 과장님."

난 웃자고 한 이야기였는데 분위기가 풀어지지 않았다.

"저의 마음을 부디 거절하지 마시고 들어주시길 바랍니다."

김명선 원장은 나직한 목소리고 말을 이었다.

"제가 준비해 놓은 집이 한 채 있습니다. 장 과장님이 그 집에서 사셨으면 합니다."

나는 내 귀를 의심했다.

"김 원장님, 그건 너무 과한 배려십니다. 저는 그럴 수 없습니다."

"장 과장님. 제 맘 편하자고 하는 일입니다. 사양하시면 제가 많이 힘듭니다."

간곡히 부탁하는 김명선 원장의 태도에 더 이상 거부할 수가 없었다.

그렇게 나를 내쫓기 위해 안간힘을 쓰던 사람이 어떻게 하루 아침에 변할 수가 있는지 그저 하나님의 은혜가 놀라울 뿐이었다.

나의 어려운 상황은 아무런 문제가 되지 못했다. 상황보다 더 중요한 것은 하나님만 붙잡는 믿음이었다. 이 또한 허락하셨으니, 난 그냥 내 길을 묵묵히 갔을 뿐이었다. 기홀병원에서 힘들게 보낸 10개월간의 시간을 통해, 모든 일을 선하게 이끄신 분은 결국 하나님이라는 것을 뼈저리게 느꼈다. 난 다시 한 번 다짐하지 않을 수 없었다.

어떤 상황에서도, 내 길 가기를 게을리하지 않을 것이다.

그리고 놀라운 일은 여기서 끝나지 않았다.

나를 중상모략했던 두 의사의 거짓이 모든 병원 사람들에게 알려졌다. 더 이상 기홀병원에서 얼굴을 들고 다닐 수 없게 된 두 사람은, 결국 시골행을 택했다.

나에게는 스스로 원수를 갚을 이유가 없었다. 전쟁은 하나님께 속하였다는 말씀이 실제가 되어 내 삶을 이끌고 있었다.

5장 해방, 그리고 신탁통치

우리의 생명이 다만 이생뿐이면 변증법적 유물론으로 만족할 수 있을지 모르지만 우리의 인격적 생명은 심령의 생명이어서 그것은 하나님의 말씀으로 사는 것이다. 즉 예수님을 구주로 믿어서 영생한다.

주일 아침, 발걸음이 무겁다.

일본은 하루가 다르게 교회 세력을 모으고 있다. 교회가 제 역할을 다하지 못하고, 단지 일본의 앞잡이 노릇이나 하게 만들고 있었다.

목자는 양을 잘 돌봐야 할 이유가 있다. 시각이 둔한 양은 오로지 청각을 의지하고 목자의 목소리를 따라 방향을 정한다. 결국 목자가 벼랑 끝을 향하면 양들도 그 길을 갈 수밖에 없는 것이다.

지금이 바로 교회가 벼랑에 선 때이다.

서로의 평안을 묻던 밝은 인사는 사라진 지 오래 되었다. 마치 죽을 날을 받아 놓은 사형수의 마음으로 한 주, 한 주 눈치를 보며 예배당으로 들어섰다.

"으흠, 이번 주부터는 황국신민서 낭독을 시작으로 예배를 시작하겠습니다."

사회를 맡은 목사가 말했다. 드디어 올 것이 온 것이다.

'우리는 황국의 신민이다. 충성으로 군국에 보답하련다.
우리 황국신민은 신애, 협력하여 단결을 굳게 하련다.
우리 황국신민은 인고, 단련하여 힘을 길러 황도를 건양하련다.'

기다렸다는 듯 일본의 뜻에 따르던 장로들과 목사들이 큰 소리로 일장기를 향해 큰소리로 '황국신민서'를 낭독했다.
"다음, 일동 '동방요배'!"
성도들은 어리둥절하며 서로 눈치를 보기 시작했다. 장내가 어수선하자 담임목사가 강대상 위로 올라왔다.
"성도님들, 당황하지 않으셔도 됩니다. '동방요배'는 우상숭배가 아니라 국가의례일 뿐입니다. 우리는 일본에 다스림을 받는 나라니 일본에 대한 예의를 표하는 것으로 생각하시면 됩니다. 우리 목회자들이 오죽 심사숙고하여 결정했겠습니까? 걱정 마시길 바랍니다. 계속 진행해 주시지요."
참으로 어처구니없는 상황이다. '우상숭배'를 '예의'라는 말로 바꿔치기 하다니. 난 조용히 예배당을 빠져나왔다. 그 자리에서 더 이상의 소망은 없었다.

신양감리교회는 내가 기홀병원 때문에 평양으로 다시 돌아오게 되면서 출석하기 시작한 감리교단의 교회였다. 1940년 그때만 해도 어떤 위협에도 흔들리지 않던 교회였다. 처음 '동방요배'를 강요당할 때는 하늘이 무너질 것 같았으리라. 하지만 그것도 시간이 지나고 같이 가던 동지들이 아무렇지 않게 하니 무뎌해 보였겠지. 그러다 보니 정말 '그저 예의일 뿐'이라고 세뇌가 되었겠지. 그것을 분별해야 하는 것이 목자들의 사명이었음에도 불구하고 믿음을 어디에 떨어뜨렸단 말인가! 하지만 나 같은 사람이 이 자들을 탓할 주제나 된단 말인가. 황국을 향해 절하지 않을 뿐, 나 스스로를 향해 날마다 절하지 않고 살았노라고 자신할 수 있겠는가 말이다.

우리 가족은 그 날 후로 공식 예배를 참석하지 않았다.

"여보, 아무래도 상황이 나아질 때까지 가정예배로 주일 예배를 대신해야 할 것 같소."

난 아내에게 내 뜻을 밝혔다.

"네. 그렇지 않아도 저와 아이들도 많이 당황했어요. 그래야지요. 아이들만큼은 제대로 된 믿음을 전해줘야 하니까요."

"내가 걱정했던 부분도 그거였소. 그렇게까지 생각해 주니 정말 고맙소."

늘 어려운 일이 있을 때마다 아내의 마음과 생각을 먼저 지켜주시는 하나님께 감사를 드렸다. 사람의 생각이 일치하는 것이 어디 쉬운 일이겠는가.

뿐만 아니라, 서른 즈음부터 구독해 오던 〈성서조선〉을 통해 만난 믿음의 스승이었던 김교신, 함석헌, 우치무라 간조 등의 글은 나를 제도권 교회로부터 자유하게 했다. 그들의 신앙은 결코 '사회'와 '나'를 분리해서 생각하지 않는다. 사회의 구원에 등 돌린 '나'는 결코 하나님의 심판 앞에서 두려워해야만 하는 것이다. '구원'이란 '건짐'을 받는 것이 아닌가. 하나님이 허락한 생명이, 마땅히 사람답게 살아가야 하는 것 또한 구원이 아니고 무엇이란 말인가? 그 중심에 예수님이 있는 것이다.

난 가정을 하나님께서 주신 교회라고 믿기에, 말씀 안에서 자유 했고, 살아있는 예배를 선택했다. 그러한 우리 가족에게 건물은 문제가 되지 않았다.

마음 버거운 일들이 겹치면 몸이 상하기 마련인 듯하다. 얼마 전부터 잠 못 드는 일이 허다했다. 부끄럽게도 약의 도움을 받지 않고서는 잠들 수 없을 만큼 정신이 쇠약해 있었다. 하나님만 의지한다던 나는 참으로 그분을 신뢰하지 못했는지 모른다. 끝내 신경쇠약은 몸으로 반응했다. 난 일주일째 고열과 싸워야 했다. 난 결국 황달로 입원했다.

"검사결과 나왔나?"

회진을 돌기 위해 들른 박소암 박사에게 물었다.

"……."

"간 상태가 심각해?"

"급성간염이야."

박 박사가 한심하다는 듯 말했다.

"자네 의사 맞나? 이 지경이 되도록 뭐 한 거야?"

"몰라서 묻나? 간이 어디 '나 아파요.' 하는 거 봤나?"

"이것 참, 의사라는 양반이 환자들하고 똑같은 말을 하는구만."

난 누워있으면서도 눈앞이 빙글빙글 돌았다.

"꼼짝할 생각 말고, 환자 생각도 말고. 완치될 때까지 도망갈 생각 말아!"

"고맙네."

이웃에 살던 박소암 박사는 극진히 날 돌봐주었다. 덕분에 한 달 만에 황달은 사라졌다. 하지만 이미 지칠 대로 지친 정신 때문인지 소화 기능이 많이 떨어졌다. 결국 죽을 달고 살아야만 했다. 나는 석 달 동안 누워만 있었다.

병원을 나서면서 묘향산을 찾았다. 너무 기력이 약해진 상태여서 바로 환자를 진료하는 것은 무리라는 생각이 들었다. 어쩌면, 시도 때도 없이 밀려드는 죽음에 대한 생각이 더 힘들었는지 모르겠다. 누워있는 내내 '이렇게 앓다가 죽을 수도 있겠구나.' 하는 생각이 들 때면 정말 몸이 땅속으로 끌려 내려가는 듯했다. 부활에 대한 소망을 날마다 되새겼지만 진짜 죽음의 공포에서 자유 하기에는 턱없이 부족한 믿음의 소유자였다.

그래서 시작한 묘향산 생활은 나를 다시 돌아보는 시간이 되었다. 비록 15분밖에 걸을 수 없을 만큼 숨이 차고 힘든 몸 상태였지만 날마다 약수터를 다니며 단련했다. 병원과 연구실에 파묻혀 살던 나에게 자연은 실로 많은 것을 다르게 볼 수 있는 눈을 주었다. 가끔씩 듣는 아내의 목소리도 더 애틋했다.

'띠링 띠링'

여지없이 정해진 시간, 전화벨이 울렸다.

"나요."

"여보!"

아내의 목소리가 심하게 떨렸다.

"집에 무슨 일 있는 게요?"

수화기 너머 침묵이 흘렀다.

"해방이에요. 8월 15일, 일본 천황이 미국에 항복했어요!"

아내의 목소리가 떨렸다.

하나님, 감사합니다!

이틀 뒤에야 듣게 된 자유의 소식. 내가 이 땅에 태어나 서른 넷이 된 지금까지 일본의 눈치를 보지 않고 살아온 날이 단 하루도 없었거늘. 해방, 자유라니!

"여보, 당장 내게로 와 도와주시오."

얼마나 울었는지 아내의 목소리가 잔뜩 가라앉았다.
"요양 가신 분이 무슨 말씀이세요?"
좀처럼 화낼 줄 모르는 사람의 소리가 커졌다.
"건국하다 죽어야지!"
난 아내를 재촉했다. 그래도 내 말이라면 달려와 주는 아내가 고마웠다. 숨이 턱까지 차올랐지만 아무래도 좋았다.
우리는 평양행 기차에 몸을 싣고 자리에 앉았다. 그러고는 꿈인지 생신지 모를 기분에 창밖을 바라보며 여유로이 부푼 마음을 달랬다. 하지만 그것도 잠시 개천역에 도착하자 일본에 강제로 징용되어 광산에서 일하던 노동자들이 물밀듯이 열차 안을 순식간에 메웠다. 더 이상 승강구로 오를 수가 없을 정도로 막히자, 심지어는 창문을 열고 그 틈으로 꾸역꾸역 기어올랐다. 그 누구도 그런 사람들을 두고 뭐하고 하는 이는 없었다. 아무렴 오죽하겠는가. 그 마음이나 내 마음이나 같은 것을.

1945년 8월 15일 우리나라는 해방되었다.

나라는 해방이 되었지만 우리는 하나가 되지 못했다. 오랜 세월 일본의 통치 속에서 자립할 능력이 부족하다는 이유로, 북쪽은 소련이, 남쪽은 미국이 질서를 잡기 시작했기 때문이다. 미국에게 많은 것을 의지했던 남한과는 달리 북쪽은 빠르게 자리를 잡아갔다. '여운형'이 중심이 된 '조선건국준비위원회'는 치안과 질서유지를 위해 힘을 다했다. 그리고 '건국하다 죽어야지.' 했던 나에게도 기회가 왔다.

"장 박사! 당신이 '위생과장'을 맡아 주시오."

"제가 어떤 일을 하면 되는 겁니까?"

"결국 병원도 크게 보면 위생의 범위에 들어가는 것 아니겠소? 그러니 통틀어 의료, 위생 등을 통합해서 관리해 주길 바라오."

참 난해한 위치였다. 몸 상태가 여전했지만 목숨이 붙어 있는 한 자유를 허락하신 하나님의 뜻 안에서 나라를 위해 일하기로 마음먹은 이상 망설일 이유가 없었다. 난 매일 대동강변 백선행기념관으로 출근했다. 그런데 이상하게도 시간이 갈수록, 소련은 너무 독단적으로 북한을 통제했다. 1945년 8월 25일 해방을 맞은 지 10일 만에 남과 북을 잇는 철도, 전화, 사람, 물자, 모든 것이 단절되었다. 눈 깜짝할 사이에 나라의 반을 잃은 꼴이 된 것이다. 남의 손에서 두 동강 난 힘없는 나라의 처절한 비극이었다.

11월, 평남 제1인민병원장이 된 난 이름뿐인 자리에 신물이 나기 시작했다. 내가 하는 일의 대부분은 '조선 인민 공화국'에 대항한 테러리스트들의 시체를 처리하는 것이었다. 뿐만이 아니라 모든 일에 통제를 받아야 했다. 의사의 권위는 땅에 떨어져 '조선 인민 공화국'의 꼭두각시와 다를 바가 없었다. 나는 더 이상 병원장 자리에 있고 싶지 않았다. 하지만 사회주의에서는 마음대로 병원장직을 그만둘 수도 없었다. 그 와중에 병원에 감사가 시작되었다.

"장 박사! 이렇게 중요한 곳 관리를 이정도 밖에 못하오?"

예의라고는 눈곱만큼도 없는 태도가 맘에 안 들었다.

"도적 때가 저지른 짓까지 내가 어떻게 할 수 있는 일은 아니지 않습니까?"

옛날 왕이 평양을 지날 때 쉬어가던 '서궁전'이 바로 우리 병원의 뒤뜰에 있었다. 그런데 도적이 들어 창문틀을 전부 떼어가 버렸던 것이다.

"그러니 장 박사 당신 책임이지! 어떻게 이 귀한 나라 재산에 도둑이 들도록 방치를 했단 말인가!"

말을 듣고 있자니 화가 치밀었다.

"아니, 처음부터 이 자리 관심도 없다 하지 않았소. 억지로 앉힐 때는 언제고 이렇게 불명예스럽게 끌어내리는 것은 바르오?"

"지금, 자기변명을 하는 건가? 안 되겠군!"

살기마저 도는 눈빛에 가슴이 움찔했다.

결국 난 병원장 자리에서 쫓겨났다. 어찌 보면 다행한 일이다. 환자를 진료하는 일도 아니었다. 누군가의 심부름이나 하면서 보내는 시간은 괴롭기까지 했다. 그런 내 맘을 아셨을까? 마치 하나님께서 피할 길을 주신 기분이었다. '사회주의 유물론적 사상'을 전혀 이해할 수 없었던 내가 이 북한 땅에서 버틸 수 있었던 것은 오직 주의 은혜였다. 난 기적이라고 말하고 싶다.

1947년 초, 세 사람이 나를 찾아왔다.

김일성 대학 부총장 박 일, 의학부장 정두현, 의과대학 부학장 겸 부속병원장 최응석이었다.

"장 박사님, 저희 대학에서 외과학장을 맡아 주십시오."

한동안 사회주의 인사들에게 시달린 터라, 나는 더 이상 권력과 엮이고 싶지 않았다.

"죄송하지만, 저는 교수가 될 자격이 없습니다. 그리고 사회주의에서는 '변증법적 유물론'을 알아야 과학자로서의 자격이 있다고 하는데 저는 그것을 잘 모릅니다. 마지막으로 가장 중요한 것은, 저는 하나님을 섬기기 때문에 주일에 일할 수 없습니다."

장황한 나의 말에 박 일 부총장이 입을 열었다.

"정 학장, 장 박사의 말이 다 사실이오?"

"제 생각에 너무 겸손하게 말씀하시는 것 같습니다. 다만, 마지막 말씀은 사실로 알고 있습니다."

정 학장의 말이 끝나기 무섭게 박일 부총장이 나에게 물었다.

"장 박사, '일제치하'에서 교수가 될 정도로 배울 수 있는 사람이 얼마나 되겠소? 인민이 부탁하는 일인데 어찌하시겠습니까?"

나는 그의 말에 바로 대답할 수 없었다. 왜냐하면 배운 자로서, 가르치는 자리를 피하려는 내 마음이 비겁하게 느껴졌기 때문이다. 박일 부총장은 말을 이었다.

"변증법적 유물론을 알고자 애써 본 적은 있습니까?"

"책은 읽고 있습니다."

박일 부총장은 내 대답이 만족스러운 듯 미소를 띠었다.

"그러면 두 가지다 문제 될 것이 없소. 그리고 일요일은 일하지 마시오."

전혀 생각지도 못한 기회 앞에서 난 마냥 웃을 수 없었다. 사회주의라는 감시 아래서 얼마나 소신껏 의사라는 일을 감당할 수 있을지 걱정이 앞섰다.

평양 사람들의 영양 상태는 최악의 상태였다.

"수혈 준비해!"

"선생님, 이번 달에 벌써 세 번째에요. 이러시면 안 돼요."

"환자를 죽일 셈인가? 서두르게."

나는 주먹을 꽉 쥐었다.

"선생님. 혈관이 잘 안 잡히는데요."
"난 괜찮으니까. 잘 찾아봐요."
굵은 주사바늘이 혈관을 뚫고 들어갔다.
"괜찮으세요? 주먹을 폈다 접었다 하세요."
"그 정도는 말 안 해도 다 알아."
"농담이 나오세요?"
간호사가 퉁명스럽게 말했다. 겉으로는 그래도, 날 생각해서 그러려니 한다.
"몇 cc 되나?"
"300cc 조금 넘을 것 같은데요."
"저번보다 좀 적은 거 아닌가?"
간호사가 조심스럽게 주사 바늘을 빼며 말했다.
"제 마음이에요. 더 이상은 안 돼요, 선생님. 월급 털어가며 치료하시는 것도 부족해서 피까지 뽑아 주시는 거예요?"
내가 무슨 성인군자라고 수혈까지 해가면서 환자를 진료하겠나. 어쩔 수 없으니 하는 것이지. 그래도 내가 의사인데, 살려는 보내야지 않겠나. 할 수만 있다면 말이다.
높은 자리에 있다 보니 월급 사정은 전보다 많이 좋아졌다. 하지만 소련은 병원에 관심이 없었다. 이전보다 훨씬 못한 지원 때문에 결국 주머니를 털 수밖에 없었다. 밑 빠진 독에 물을 붓는 것과 같았지만, 달리 방법이 없었다.

어려운 사정은 병원만이 아니었다. 교회는 더욱 심한 고통을 겪고 있었다. 북한은 교묘하게 '조선기독교연맹'이라는 무늬만 기독교인 단체를 만들었다. 그리고 이 단체를 수단으로 교회를 흔들고 있었다. 1947년쯤 대부분의 교회가 이 단체에 가입했다. 가입하지 않은 교회의 목사들은 가차 없이 죽임을 당했다.

일제 때는 '신사참배' 앞에서 무릎 꿇었다면, '교회를 살리는 것은 연맹밖에 없다.'는 말로 성도들을 어둠으로 밀어 넣었다.

북한은 교인들의 사유지를 모두 압수하고 농부들에게 분배했다. 그러니 없는 사람들에게는 환영을 받을 수밖에 없었다. 하지만 상부의 뜻에 반대하는 날에는 언제 죽었는지 모르게 처리되었다. 사람 목숨이 파리 목숨과 같았다. 이렇게 신앙생활을 하기 힘든 상황에서 많은 목회자들이 신앙의 자유를 찾아 월남을 강행했다.

1947년 2월, 함석헌 선생을 만났다.

내가 그를 처음 만난 건 1940년 1월 초쯤으로 기억한다.

김교신 선생님의 집에서 차갑지만 총명한 그의 눈동자를 아직도 잊을 수가 없다. 그동안 〈성서조선〉의 글로만 만났던 함석헌과 한 공간에 있다는 것, 그리고 그의 입술을 통해 전해지는 예수 그리스도는 경이로웠다. 밖은 찬 바람이 살을 에듯 불었지만 내 마음은 그토록 평안할 수 없었다.

"진짜 결단하신 겁니까?"

난 다시는 못 볼지도 모르는 애틋한 신앙동지를 떠나 보내야 했다.

"조선기독교연맹은 김일성과 소련의 꼭두각시일 뿐이지. 날 비겁하다고 해도 어쩔 수 없네. 더 이상 교회가 아니야. 자네도 같이 가지 않겠나?"

난 고개를 저었다.

"아닙니다."

"자네는 사회주의자도 아닌데, 왜 꼭 남으려는 건가?"

"지금, 제 자리니까요."

난 간절히 그의 발걸음을 위해 함께 기도했다. 어떤 결정도 쉽지 않겠으니 그저 하나님께서 지켜주실 바랄 뿐이었다.

사회주의는 나에게도 예외일 수는 없었다. 허허벌판 나 홀로 서 있는 싸늘한 마음으로 하루하루를 버텼다. 하루는 김일성대학 의과대 부학장이 찾아왔다.

"장 박사. 그동안 입당은 생각해 봤소?"

신경을 긁는 아주 날카로운 목소리였다.

"학장님도 아시지 않습니까? 이호림 교수가 입당을 하고 힘을 다해 충성하다 늑막염 때문에 고생하지 않습니까?"

"그게 장 박사와 무슨 상관이요?"

"제가 얼마 전 급성간염으로 몇 개월 앓고 난 후로는 제 몸

하나 간수하기 힘든 꼴이 되었습니다. 그래도 괜찮습니까?"
 부학장의 표정이 뚱했다.
 "그리고 또 한 가지, 저는 예수를 날 구원하신 분으로 믿기 때문에 입당할 수 없습니다."
 "뭐라! 예수 따위는 버리시오!"
 부학장의 얼굴이 새빨갛게 달아올랐다. 굳이 말하지 않아도 수그러들 분위기였는데 긁어 부스럼을 만든 상황이었다. 하지만 어차피 쏟아진 물. 여기서 물러설 수 없었다.
 "당신들은 신의 존재를 거부하지만, 날 만드시고 세상을 창조하신 분이 분명 존재하는데 그분을 배신할 수 없소."
 "좋아, 앞으로 당신 앞날이 어찌 구르는지 두고 봅시다!"
 부학장은 부르르 떨며 사라졌다. 난 털썩 주저앉았다. 눈앞이 캄캄했다. 이게 시작이라면, 다가올 날을 생각하니 숨이 턱 막혀왔다.

8·15 이후 우리 민족이 38선으로 분단된 것은 어떠한 종교적 뜻이 있다고 생각한다. 이 시련의 38선은 너의 민족이 하나님의 사랑을 터득하여 그 희생적 사랑으로 연합, 통일하여 세계 평화에 공헌하라는 하나님의 뜻이 있다고 나는 믿는다.

우리는 육으로 싸우지 말고, 영과 인격적으로 서로 믿고 사랑하며, 인내를 가지고 하나님의 통일원리를 실천함으로 기다리고 바라야 한다. 나는 에베소서 2장 14절 말씀이 평화통일의 원리임을 믿으며 살고 있다.

"그는 우리의 화평이신지라 둘로 하나를 만드사 원수 된 것 곧 중간에 막힌 담을 자기 육체로 허시고 법조문으로 된 계명의 율법을 폐하셨으니 이는 이 둘로 자기 안에서 한 새 사람을 지어 화평하게 하시고 또 십자가로 이 둘을 한 몸으로 하나님과 화목하게 하려 하심이라 원수 된 것을 십자가로 소멸하시고"

엡 2:14-16

〈부산모임〉 1976년 7월호

6장 6·25

나는 그들과 반대로 그들이 말하는 소위 인민들에게 신임을 받게 되어 원치 않는 의학박사 학위까지 받게 되었다. 나는 이것을 나의 자랑으로 생각지 않는다. 다만 공산주의 사회에서라도 역사는 하나님께서 주장하시고 계심을 믿게 하는 한 과정을 보여 주셨던 것이 아닌가 생각된다.

다시 찾은 묘향산은 그대로였다. 그동안 사회주의에서 이리 몰리고 저리 몰리며 살았던 내 모양을 가엽게 바라보는 것 같았다.

러시아어로 된 의학책을 번역하는 일로, 조금이나마 숨통을 틀 수 있었다. 이렇게 떨어져 나와 있는 동안은, 사회주의 인사들과 부딪기며 가슴 졸일 시간은 피해 갈 수 있으니 말이다.

내가 '예수쟁이'인 이유로 사회주의에 섞이지 못하면서도 그나마 학생들의 호응을 끌어낼 수 있었던 것은 영어원서로 강의를 했기 때문이었다. 그래서 힘들지만 학생들에게 더 좋은 수업을 하기 위해 러시아 원서 번역도 기쁜 마음으로 할 수 있었다. 아마도 대부분의 교수가 일어 의학서적을 번역해 수업했기 때문에 내 수업이 신선했던 모양이다.

'띠리링, 띠리링.'

몇 개월에 걸친 번역이 거의 끝나갈 무렵 한 통의 전화가 왔다.

"장 박사. 빨리 학교로 복귀하십시오!"

목소리가 다급했다.

"무슨 일입니까?"

"국가에 큰일이 있다는 것만 알고, 지금 당장 서두르시오!"

난 당장 짐을 꾸려 평양으로 향했다.

전쟁이었다.

라디오에서는 연신 남한의 북침에 대한 이야기가 흘러나왔다. 남한이 먼저 공격을 해왔기 때문에 북한은 어쩔 수 없이 방어의 목적으로 응징하기 위한 남침을 한다는 것이었다. 전파를 타고 들려오는 사람의 목소리가 심하게 떨렸다.

남쪽의 선제공격은 거짓이라는 걸 단번에 알 수 있었다.

'그저 남은 땅을 빼앗고 싶었겠지.'

공산주의라는 것이 결국 모두가 잘 살자는 보기 좋은 간판을 내세워 소수 몇 명의 사람만 배불리 잘 먹고 잘 사는 것임을 깨달았다. 그러니 이 정도 거짓말쯤은 인민공화국을 세우기 위해서는 아무 것도 아니었다.

전쟁은 끔찍했다.

하루에도 어마어마한 환자가 밀려들었다. 일반 환자들은 둘째 치고라도 인민군을 치료할 의료물품도 턱없이 부족했다.

명확한 목적을 가지고 총질을 하는 사람은 없었다. 무차별적인 공격은 마치 인간의 씨를 말리려고 작정한 듯했다. 하늘에서는 폭탄이 비처럼 내렸다. 심지어 미군은 병원에까지 무분별한 폭격을 멈추지 않았다.

1950년 9월 16일, 난 평양연합병원 의대 병원 2층 수술실에서 수술 중이었다.

'콰광 쾅!'

"으악!"

요란한 폭발음과 함께 괴성이 들렸다. 나도 모르게 두 손으로 귀를 막고 수술대 밑으로 피했다. 밖에서 들려오는 절규에 간담이 저려왔다. 그때였다.

"지금, 3층 지붕 위에 폭탄이 떨어졌습니다."

3층 수술실에 있던 의사들이 수술 가운을 입은 채 내려온 것이다. 순간 부원장으로 있던 임영식 선생은 항복자세로 손을 번쩍 들었다. 나도, 정말 미군이 쳐들어온 줄 알았다.

"장 박사님, 수술을 계속하실 생각이십니까?"

다급한 마음이 전해졌다. '정말 피할 수만 있다면.' 하는 생각이 간절했다. 하지만 수술대에 누운 환자를 그냥 두고 가는 것은 용납할 수 없는 일이었다.

"당연하지요. 자자, 거의 끝나가니 조금만 더 힘냅시다."

그날 밤, 환자들은 끊임없이 밀려왔다.

대부분의 환자들은 정말 안타깝게도 '친자 폭탄'의 파편조각에 맞아 생명의 위협을 받았다. 철철 흐르는 피를 감당할 만큼의 혈액이 턱없이 부족했다. 뿐만 아니라 수술실도 부족한 상태였다.

"자, 지금부터 응급 수술실을 더 늘릴 겁니다."

"선생님, 그게 무슨 말씀이세요. 없던 수술실을 이 전쟁 중에 만드시다니요."

"거창할 것 없습니다. 환자용 간이침대와 링거 대만 있으면 나머지 도구는 카트에 실어 이동하며 수술할 겁니다."

날 바라보는 의사들의 표정은, '빨리 끝내고 도망갈 준비를 해야지. 무슨 소리야?' 하는 듯했다.

"우리가 절실히 필요한 순간입니다. 시작합시다."

7개의 응급 수술실을 설치하니 훨씬 빠르게 환자를 수술할 수 있었다. 난 수술준비를 위해 반드시 관련 서적을 통해 확인하고 살피며 수술을 했다. 그렇게 몸에 박힌 파편을 제거하는 수술을 49예나 마쳤다. 꼬박 이틀간의 시간은 한 달을 갇혀 있었던 것 같은 느낌이었다.

아침 해를 맞으며 수술실을 나섰다. 현기증이 일었다. 잠깐 몸의 균형을 잃었지만 이내 시야가 정확해졌다. 하지만 여전히 치료받지 못한 환자들의 줄은 끝이 보이지 않았다. 이 지옥에서 과연 누가 이들을 구원할 수 있단 말인가?

난 잠시 해를 마주하고 수술실로 복귀했다. 400명도 넘는 환자들이 대기해 있다는 말을 들으니 있던 힘마저 손끝 발끝으로 빠져나가는 것 같았다. 이것은 시작에 불과했다. 제자들, 후배들은 모두 단 한 명의 환자도 소홀히 하지 않았다. 하지만 끝없이 밀리는 수술 상황이 법무부에 보고되자 이유를 나무라듯이 따져 물었다.

"이보시오. 장 박사. 지금 이렇게 수술환자가 밀려야 되겠소? 당신 도대체 뭘 하는 거요?"

무례한 법무부 사람의 말에 난 화가 머리끝까지 올랐다.

"잘 들어요. 싸움을 하려면 부상자가 많이 날 것을 예상하고 수술 기구를 많이 준비할 것이지 지금과 같이 별 준비 없이 하면 어떻게 합니까?"

따져 묻는 나에게 자신들의 입장을 설명할 수 있는 사람은 아무도 없었다.

미군은 끊임없이 포격을 멈추지 않았다. 이러다가는 평양이 흔적 없이 사라지는 건 시간문제였다.

전쟁은 지옥이었다.

마치 한 배에서 태어난 늑대 두 마리가, 굶주리다 지쳐 서로의 살점을 죽을 때까지 물어뜯는 처절함과 같았다.

한 달이 넘도록 우리는, 언제 죽을지 모르는 두려움을 안고 부상자를 돌보는 일을 멈추지 않았다.

"장 박사, 우리도 후퇴를 해야 하지 않겠소?"

부원장이 말을 이었다.

"다른 기관들은 후퇴를 하고 있지 않습니까? 평양은 개미 한 마리 살 수 없는 쑥대밭이 될 텐데 말이요."

"그렇다면, 후퇴하면서 환자들이 먹을 식량이 확보되어 있습니까?"

회복기에 있는 환자들에게 중요한 것은 식사였다.

"그것까지는……."

"산 사람이나 목숨 부지하자는 말이군요. 어차피 저야 '김일성 대학'에 관한 일에 이래라저래라 할 권한이 있겠습니까."

"장 박사, 어찌 그렇게 말합니까? 가장 중요한 위치에 있는 사람이."

"글쎄요, 환자들도 이제 회복기에 접어들었으니 더 이상 제가 이곳에서 할 수 있는 일은 없는 것 같습니다. 내일부터 출근하지 않겠습니다."

난 평양에서 12km쯤 떨어진 반성이라는 마을로 갔다. '동리 동굴'의 입구에 다다랐다. 주변은 고요했다. 사람의 인기척이라고는 느낄 수 없었다. 동굴 입구에 들어서자 어둠이 내 눈을 가렸다. 이곳에 이런 깊은 동굴이 있었다니 참 묘한 기분이었다. 그때였다. 어둠이 눈에 익을 때쯤 누군가 있는 것이 느껴졌다.

"나, 장기려입니다."

고요하던 동굴이 숨죽여 말하는 내 목소리로 울렸다.

"여보!"

"아버지!"

아이들이 품으로 달려와 안겼다. 그간 죽었는지 살았는지 모를 가족을 보니 가슴이 벅차올랐다. 마치 죽었다가 살아난 기분이었다. 혹시 이곳이 천국인가 하는 생각마저 들었다. 아내는 흐르는 눈물을 훔치며 아이들과 내 옆을 지켰다.

"감사해요. 살아계셔서."

"다 주의 은혜 아니겠소. 당신도 어디 아픈 곳은 없소?"

아내는 고개를 저었다.

"전 괜찮아요. 이제 됐어요. 우리 식구가 다 함께 있으니, 이제 됐어요."

마침 그 곳에는 전영을 박사의 가족도 함께 있었다.

"장 박사, 그간 얼마나 고생했소."

"별말씀을요. 그저 제 할 일을 했을 뿐입니다."

그래도 다른 가족들과 함께 서로 버팀목이 되어 숨어 있었으니 정말 감사하지 않을 수 없었다.

동굴에서의 생활은 그야말로 '쥐 죽은 듯'이 목숨을 움켜쥐고 버티기를 하는 듯했다. 언제 들이닥칠지 모르는 기마경찰의 말발굽 소리가 들릴 때마다 정말이지 심장이 쪼그라들어 등에 붙는 것 같았다. 그도 그럴 것이 기마경찰에게 걸리는 날에는 그 자리에서 총살이었다.

몸을 숨긴지도 일주일이 넘어가고 있었다. 평양이 수복되었다는 소문이 들렸다. 난 다시 평양으로 돌아와 '기홀병원'으로 향했다. 그런데 '기홀병원'은 남한 군인들의 야전병원이 되어 있었다.

"장 박사님, 아니 어떻게 된 겁니까?"

"김일성대학이 후퇴 조짐이 있어서 잠시 가족들과 피해 있었네."

다행히 국군 야전병원 병원장은 익히 알고 있는 의사였다.

"기홀병원 상황은 어떤지 걱정되고 해서 들렀지."

말이 끝나기 무섭게 병원장은 내 손을 덥석 잡았다.

"장 박사님, 일손이 절실히 필요합니다. 괜찮으시면 내일부터 출근하시면 안 되시겠습니까?"

난 가족의 곁을 더 지키고 싶었다. 하지만 상황이 너무 악조건인 터라 부탁을 거절할 수 없었다. 사실 청을 받지 않았더라도 내가 손을 걷어붙이고 일을 도울 수밖에 없을 정도였다.

한편으로는 마음이 힘들었다. 내가 밟고 있는 이 평양 땅의 이웃들을 모두 죽인, 남한군의 목숨을 살리기 위해 일한다는 것은 쉽지 않았다. 나도 의사이기 전에 한 사람이 아닌가? 하지만 또 다른 편으로 생각을 하면, 이 군인들은 또 무슨 죄란 말인가? 결국 우리 모두가 전쟁의 희생자들인 것을.

남한의 군의관들은 일에 있어서는 북한 군의관들 보다, 좀 불성실해 보이는 면도 있었다. 하지만 더 호의적이고 나와 나의 가족을 챙겼다. 어떻게 내 형편을 알았는지 쌀가마니를 가져다주는 일도 있었다.

한 달 뒤, 나는 민간인 구호 및 지원업무를 담당하는 '유엔민사처' 병원에서 일했다. 이곳은 수술환자가 거의 없었다. 그나마 잠시 숨을 고를 수 있는 시간이었다. 하지만 그것도 잠시였다.

11월 말, 나는 그제야 중공군이 북한군에 합세하여 다시 평양을 향하고 있다는 사실을 알았다. 중공군은 그 수가 어마어마 하다고 했다. 죽여도, 죽여도 끝이 보이지 않는 수가 다시 평양을 향해 내려오고 있었다. 또다시 평양이 불바다가 될 것이 뻔한 일이었다.

1956년 12월 3일 주일 아침이었다.
"여보, 당신은 먼저 아이들과 아버지, 어머니를 모시고 가 있어요."
"그게 무슨 말씀이세요. 저희들 먼저 가라니요."
아내가 내 소맷자락을 꽉 잡았다.

"나는 교회에 가서 예배를 드리고 바로 따라가리라."

"그럴 수 없어요. 저도 가지 않겠어요."

"아이들과 노인은 급하게 움직일 수 없지 않소. 그러니 먼저 움직여요. 대동강에서 봅시다."

대동강 철교가 끊어진 지는 이미 오래였다. 군대 수송용으로 부교가 설치되어 있을 뿐이었다. 남한으로 피란을 갈 방법은 그 부교밖에 없었다.

나는 산정현교회에서 예배를 마친 후 집으로 돌아왔다.

"아버지. 왜 차가 이렇게 안 오죠?"

함께 남은 둘째 가용이가 말했다.

"올 게다. 기다려 보자꾸나."

말로는 태연한 척 했지만 기다리는 마음은 불안했다. 다른 가족들이 기다릴 생각을 하니 더 초초했다. 함께 기다리는, 친구 김형로와 사촌 동생을 보기도 미안해졌다.

늦은 오후가 돼서야 안광훈 소령이 도착했다.

"장 박사님, 어서 타시지요."

안 소령의 목소리가 다급했다.

"아버지, 어머니 어서 타세요."

두 분은 손사래를 치며 말했다.

"우리 늙은이들보다는 젊은이들이 살아야지. 중공군은 젊은 사람이나 어린 애들은 눈에만 띄면 씨를 말린다지 않더냐. 우리는 지금까지도 감사히 잘 살았다. 하나님이 함께하니 죽음도 두렵지 않구나. 걱정 말고 어서 가라."

가용이는 자기도 남겠다며 울먹였다. 우리 때문에 더 이상 시간을 허비할 수 없었다. 난 가슴으로 눈물을 삼켰다. 부디 부모님을 지켜주시길 기도하는 것 외에 할 수 있는 것이 없었다. 어린 가용과 먼저 대동강으로 향한 아이들을 생각하며 마음을 누르고 차에 올랐다.

우리는 달리고 달려 평양 시내를 가로질렀다.

"엄마!"

난 깜짝 놀라 가용이가 소리치는 곳으로 몸을 돌렸다.

먼저 대동강으로 출발한 사람이 아직도 사람들 사이에서 떠밀리듯 걷고 있었다. 처음 계획한 대로 집으로 보내 준다던 '국군 의무 수송대'의 차를 타고 다같이 떠났어야 했는데. 내 발등을 찍고 싶었다.

"아버지. 어서 차를 세워달라고 하세요. 아저씨! 차 좀 세워주세요!"

가용이는 정신을 놓고 소리쳤다. 그 소리가 내 가슴을 갈기갈기 찢었다.

만일 이 차가 멈춘다면 저 많은 사람들이 몰려들어 아비규환이 될 것이 분명했다.

'하나님, 아픕니다. 가슴이 터져버릴 것 같습니다.'

먼발치 보이는 아내는 자꾸 놓치는 아이의 손을 다시 잡느라 정신이 없었다.

'주님, 이날을 잊지 말아 주십시오. 제발, 지켜주십시오.'

"장 박사님, 차를 세우고 식구들을 태우시지요."

안 소령이 말했다.

난 고개를 저었다. 아내와 아이들의 모습이 점점 흐려졌다.

살기 위한 몸부림은 처절했다.

평양의 동쪽 선교리에서 하룻밤을 묵은 나와 가용이는 다음 날 아침부터 남쪽을 향해 걷기 시작했다. 우리는 빈집을 찾아 들어가 남은 양식을 찾아 밥을 해 먹었다. 그렇게 걷다가 머물다, 걷다가 머물다 하며 매일 24킬로미터를 걸었다.

12월 초의 칼바람은 살점을 도려내는 듯했다. 만약 장인어른이 해준 낙타 외투가 아니었다면 어떻게 되었을지도 모를 일이었다. 지나던 마을에 너무 늦게 당도한 날에는 그나마 하루 묵을 빈집도 없었다. 이미 먼저 도착한 다른 사람들의 차지가 되었으니까 말이다. 그럴 때면 어쩔 수 없이 헛간에라도 들어가 볏짚을 덮고 잠을 청할 수밖에 없었다. 묵묵히 투정 한번 부리지 않고 함께 걸어주는 가용이가 있었기에 가능한 일이었다. 나는 어찌 되어도 상관없지만 어떻게든 아들만큼은 살려야 했으니까.

12월 12일 우리는 서울 땅을 밟았다.

서울 신촌역에 도착한 우리는 그동안 걸어온 길이 꿈처럼 느껴졌다. 북한군의 공격으로 참담하기는 서울도 마찬가지였다. 어디로 가야 할지 막막한 우리는 역을 배회했다.

"장기려!"

이 낯선 곳에서 내 이름이 불리다니. 난 잠시 내 귀를 의심했다.

"정말 기려 맞네!"

"형님."

사촌 형이었다.

"피란 내려왔구나"

"네."

난 어안이 벙벙했다. 어떻게 딱 이때에 사촌 형을 만날 수 있단 말인가? 반갑다기보다는 마치 하나님이 보낸 천사 같았.

형과는 짧은 만남을 뒤로하고 헤어졌다. 우리를 돌볼 형편이 되지 못하는 것을 못내 미안해했다. 형을 만나고 나니 정신이 좀 드는 것 같았다. 서울에 살고 있을 친척들을 차근차근 생각해 보았다.

'하나님, 저의 발걸음을 인도해 주십시오.'

우리가 찾은 곳은 사촌 동생 장기하의 집이었다.

'쾅쾅쾅'
"아무도 안 계십니까?"
곧 문이 열렸다.
"어? 기려 형님! 어떻게 된 일이에요?"
"이렇게 불쑥 미안하구나."
사촌 동생은 나와 가용의 등을 감싸며 집으로 들였다.
"그게 무슨 말씀이세요. 섭섭합니다. 형님 아들인가요?"
가용이는 목례로 인사를 대신했다.
"피란 내려오신 거예요? 형수님은요?"
난 아무 말도 할 수 없었다. 오직 살기 위해 서울에 도착하는 순간까지 잊고 있었던 죄책감이 파도가 일 듯 밀려왔다. 지금쯤 그 사람은 어떻게 되었을지.
"평양 시내에서 놓쳤어."
우리는 한참을 말을 잊지 못했다.
"형님, 너무 걱정 마세요. 형수님도 안전할 겁니다."
"그렇게 말해주니. 고마워."
우리가 그간의 일을 나누는 사이 제수씨가 따뜻한 밥상을 내왔다.
"형님, 정용이 아시죠?"
"알지."
"그 녀석이 부산 육군부대에 소위로 있어요. 언젠가 부산 해군병원 군의관이 평양사람이라는 말을 들었어요."

'해군병원'이라.

늘 그랬듯이 나에게 먹고 사는 문제는 부끄러운 일이 아니었다. 적어도 내 두 손으로 일을 하고 밥벌이를 할 수만 있다면 그 일이 아무리 허드렛일이라고 해도 감사했다.

"고맙다. 기하야. 덕분에 목적지를 정했어."

"부산으로 가시게요?"

"응."

"부산은 연고도 없으시잖아요. 차라리 서울이 낫지 않으세요? 경성의전을 나오셨는데 굳이요."

"정용이가 있잖아. 시대가 힘든 만큼 군 병원 쪽을 알아보면 일자리가 있지 않을까 싶어서."

장기하는 그저 고개를 끄덕일 뿐이었다.

"형님, 마침 형님도 아는 사촌누이 남편이 서울역에서 근무하고 있어요. 다른 것은 도와드릴 수 없지만 부산행은 타실 수 있도록 도울게요."

때때로 도우시는 은혜가 놀라웠다.

나는 다행히 '무개화차'에 몸을 실을 수 있었다.

"쿨룩, 쿨룩."

지붕도 없는 석탄 더미 위에 앉은 나는 기침을 쏟아내는 가용이를 외투 안으로 끌어안았다. 긴 굴을 지날 때면 석탄을 태우는 까만 연기 때문에 숨이 막힐 것 같았다.
 12월 18일, 사흘을 달려 부산에 도착했다.
 조카 장정용도 우리를 기쁘게 맞아 주었다. 육군 소위였지만 집안 형편이 어려워 아내는 찹쌀떡 장사를 하며 생계를 이어가고 있었다. 시대가 어려우니 어쩔 수 없지 않겠는가? 모두가 힘든 시절을 지나고 있었으니 말이다. 난 빨리 일자리를 구해야 했다. 무턱대고 찾은 곳은 해군 본부였다. 내가 정문 앞에 다다랐을 때였다.
 "원장님!"
 이상요 대위였다.
 "아니, 자네가 어떻게?"
 이상요 대위는 내가 평양의대 부속병원 원장으로 있을 때 피부과 과장으로 있었다.
 "제가 좀 일찍 월남했습니다. 지금 제3육군병원에 있습니다."
 "그랬군, 살아서 이렇게 다시 만나니, 참 반갑군그래."
 "원장님께서는 어떻게 부산까지 오셨습니까?"
 "나도 피란 왔지. 부산에 조카가 있어서. 그런데 영 염치가 없게 됐네."
 "원장님, 그러지 마시고 육군병원에서 일하시는 것은 어떻겠습니까?"
 난 내심 기뻤다.

"자리가 있을까?"
"원장님도 참! 원장님이 일할 곳이 없으시면 저 같은 사람은 어쩌라는 말씀입니까?"
"자네도 별말을 다 하는군."

난 이상요 대위와 함께 부산시 중구에 있는 제3육군병원으로 갔다.

'제3육군병원'은 평양의전 출신인 '정희섭 대령'에 의해 창설된 다섯 번째 국군병원이었다. 그래서 월남한 이북 출신 의사들에게 일자리를 더 많이 제공하고 있었던 것이다.

"어이구, 장 박사 어서 오십시오!"
"처음 뵙겠습니다. 장기려입니다."

군인다운 면모가 악수를 하면서도 느껴졌다.

"나야 장 박사님을 잘 알지요. 이렇게 모시게 돼서 영광입니다."

"별말씀을요. 대령님이야말로 훌륭한 일을 하고 계십니다."

"하하하. 한솥밥 먹던 식구들 아닙니까? 챙기는 거야 당연하지요. 장 박사님. 와 줘서 고마워요. 잘해 봅시다."

성격까지 호탕한 사람이었다. 난 과분한 배려로 군의관 대우를 받게 되었다. 일자리뿐만 아니라 관사에서 머물 수 있게 된 것이다. 심지어 14살인 가용이도 육군병원 약국에서 일을 했다. 마음 한 켠에 자리 잡은, 두고 온 가족에 대한 미안함이 밀려왔다. 하지만 이렇게 못난 나를 살뜰히 돌보시는 하나님이시라면 그분의 자녀인, 두고 온 아내와 가족들을 분명히 지켜주실 것이라는 믿음이 생겼다. 미안한 마음이 들 때면 더욱 간절히 기도했다. 매일 새벽 4시면 일어나 기도하고 말씀을 보았던 내 습관은, 이제 이유가 되었다.

7장 목숨을 부지한 죄

나는 북조선에 있다가 남한에 왔으니
홍역을 치러야 하지 않겠는가 하고 생각해 보았다.

  1950년 12월 24일, 난 벅찬 가슴으로 예배를 드렸다. 더욱이 평양 산정현교회에서 만났던 한상동 목사와의 재회에 감사할 뿐이었다. 예배를 마치고 난 교회 앞뜰에서 처음 만난 성도들과 인사를 나눴다. 교회라는 공동체는 어려울 때일수록 더 큰 힘을 발휘한다는 것을 새삼 느끼는 순간이었다. 내가 새로 온 사람이라는 것을 어떻게 알았는지 먼저 다가와 다정하게 인사를 건넸다. 그때였다.

"기려야!"

  사촌 누나의 남편이었다. 참, 어떻게 이곳에서 만나게 되었는지 신기할 따름이었다.

"매형!"

"내려왔다는 소식 들었어. 그렇지 않아도 보고 싶었는데 이렇게 만나게 하시네."

반가움도 잠시 낯선 남자들이 날 향해 빠른 걸음으로 다가왔다.
"장기려! 맞지?"
순간 두 남자가 내 팔짱을 끼고는 있는 힘껏 조였다.
"뭐하는 짓입니까? 당신들, 누구야?"
난 항변할 틈도 없이 교회 마당 밖으로 끌려나가 차에 탔다. 그들이 어디로 향하는지 도무지 알 길이 없었다. 끌려간 곳에는 '삼일사'라는 간판이 붙어 있었다. 건물 안으로 들어간 나는, 차가운 바닥에 내동댕이쳐졌다.
"앉혀!"
날카로운 목소리의 남자가 조금 더 지위가 낮아 보이는 남자에게 명령했다. 난 질질 끌려 탁자 앞에 앉았다.
"당신 이북에서 내려왔지?"
"그렇소."
그러자 순식간에 손바닥으로 내 뺨을 갈겼다.
"뭐하는 짓이오!"
난 자리를 박차고 일어났다. 그러자 뒤를 지키던 남자가 내 어깨를 눌러 앉혔다.
"너 김일성대학에 있었지?"
"그렇소."
그는 또 내 뺨을 날렸다.

"빨갱이 새끼. 너 사상교육 어디까지 받았어?"
"난 사상교육 따위 받은 적 없소."
"이 새끼야! 김일성대학에 있던 놈이 사상교육을 안 받았다는 게 말이 돼? 너, 내가 누군 줄 알아? 겁대가리 없이 감히 날 속이려 들어?"
취조관은 연실 곤봉으로 탁자를 내리치며 소리를 질렀다.
"내가 아는 사상이라고는 기독교밖에 모릅니다."
"기독교? 좋아. 너 어디 교회 출신이야?"
"평양 산정현교회 출석했습니다."
"산정현이면 주기철 목사가 있던 곳 아닌가?"
취조관은 입꼬리를 올리며 음산하게 웃었다.
"이것 봐라, 꼴통 목사 밑에 있었으니 두말하면 잔소리겠군."
눈부신 불빛 아래 얼마 동안 있었는지 잘 모르겠지만 정신이 점점 희미해졌다.
차가운 물벼락이 얼굴을 쳤다.
"장기려! 생각 좀 해 봤어? 너, 산정현교회에서 김일성 사상 주입시켰지?"
"나는 성경밖에 아는 게 없습니다."
"누굴 바보로 아나. 산정형교회가 분열될 때 뭐했어? 당신 장로였다며?"
도대체 나에 관해 어디까지 알고 있는 건지 갑자기 두려움이 밀려왔다. 이미, 적은 나의 모든 것을 알고 있는데 나는 그저 속수무책 당하고만 있으니 암담할 뿐이었다.

"교회의 분열은 공산주의자들 때문에 벌어진 일이었습니다. 공산주의가 기독교를 강하게 탄압했기 때문에 믿음을 지키고자 하는 성도들의 몸부림이었소."

"그러니까. 그 사이에서 공산주의를 퍼트린 건 바로 장기려 당신이겠군."

뭔가 실마리를 잡았다는 듯 취조관의 목소리가 나근나근 했다.

"난 단 한 번도 공산당 입당을 생각해 본 적이 없습니다."

"그걸 믿으란 소리야!"

내 말이 다시 취조관의 신경을 건드렸다.

"공산주의는 '유물론적 세계관'을 기본으로 합니다."

"지금 날 가르치는 건가?"

시도 때도 없이 소리를 질러대는 통에 귀까지 멍했다.

"결국 '신은 없다!'고 말하고 있다는 겁니다."

"그래서?"

"기독교는 유일한 여호와 하나님을 믿습니다. 그러니 공산당에 입당하는 것은 하나님을 배신하는 것과 같지 않겠습니까? 나는 기독교밖에는 모릅니다."

"이 꼴통 새끼, 수감해!"

먹잇감을 향해 달려드는 맹수처럼 남자 여럿이 내 옷을 벗기기 시작했다. 그들의 행동에서 사람의 모습은 찾아볼 수 없었다. 실오라기 하나 걸치지 않고 십자가에 달리신 주님이 떠올랐다. 나 때문에 그 굴욕의 순간을 참아내셨던 주님. 하지만 난 참고 싶지 않았다. 도망칠 수만 있다면 이 억울함에서 벗어나고 싶었다. 그들은 나에게 파란색 죄수복을 입혔다.

아침 해가 뜨기도 전, 난 취조실로 갔다. 깜깜한 밤이 되어서야 감방으로 돌아갔다. 때로는 아침인지, 밤인지도 헷갈릴 정도였다. 매일 똑같은 취조가 반복되었다.

어떻게 해서든 나를 빨갱이로 몰아가기 위해서 그들은 안간힘을 다했다. 나는 정신 줄을 놓지 않기 위해 이를 악물었다.

"장기려, 출소다!"

이곳에서 죽을 수도 있겠다고 생각했거늘 갑자기 출소라니. 치욕스러운 공포에 떨었던 기억들이 필름처럼 머릿속을 스쳐갔다.

"목사님."

한상동 목사가 마중 나왔다. 그제야 내가 죽지 않고 살아나온 이유를 알 것 같았다. 한상동 목사는 나 때문에 꽤나 속을 썩은 모양이었다.

"목사님 얼굴이 반쪽이십니다."

한상동 목사가 함박웃음으로 날 안았다.

"고문받고 나온 사람이 누군데, 농담할 기력은 있나 보군요. 그나저나 담당 취조관이 악명이 높아서 많이 걱정했습니다."

난 말없이 고개를 끄덕였다.

"그자가 일제 때 독립군을 취조했던 사람이었다고 하더군요."

정말 세상이란 알다가도 모를 일이었다. 어제는 일제에 빌붙어 목숨을 구걸하던 자가 오늘은 국가의 선봉에서 일을 한다니 말이다.

북한은 독립을 맞으면서, 소련에 의해 일제에 빌붙었던 자들을 싹 쓸어 버렸다.

아무리 나라 발전이 늦어진다고 해도 한 번 배신한 자는 필요 없다는 것이다. 하지만 남한의 실정은 다른 모양이다.

"그랬군요. 그래도 한 번 끌려가면 살아나오기 힘들다는 '특무대'에서 출소라니, 연고도 없는 내가 어찌 살 수 있었는지. 꿈인가 했습니다. 목사님께서 애쓰셨군요."

"그런 말 마세요. 그렇지 않아도 정부에서 '특무대'가 분별없이 민간인을 잡아들인다는 소문을 듣고 '아무리 김일성이라도 체포령을 내리기 전에는 잡아들이지 말라'고 했다는군요. 무엇보다도 윌리엄 치숌(William H. Chisholm)선교사가 애를 많이 썼어요.

"그분이 어떻게."

"장기려 박사는 옛날부터 잘 알던 장로라며 절대 공산주의자가 아니라고 강력하게 항의했습니다. 워낙 훌륭한 분이시니 그 말이 힘이 되었다고 생각이 드네요. 결국, 다 주의 은혜가 아니겠습니까? 갑시다."

난 한상동 목사에게 오롯이 의지한 채로 한 걸음 한 걸음 발을 뗐다.

목숨을 부지한 죄로 치러야 하는 대가였다. 한 차례 혹독한 홍역이 지나갔다.

관사에 돌아와 보니 마치 도둑이 든 것 같았다. '특무대'는 날 취조한 것뿐 아니라 빨갱이 증거를 찾기 위해 집까지 샅샅이 뒤졌다.

도대체 날 어떻게 알았던 것일까? 누구로부터 나에 대해 들었기에, 날 무조건 공산당으로 몰았을까?

때려 부순 물건이 하도 많아, 어디서부터 치워야 할지 난감했다. 몇 칸 되지 않은 옷장 속 서랍이 뒤집어져 있었다. 난 순간 아차 싶었다.

쏟아져 나온 옷가지들이며 이곳저곳을 다 살폈지만 메달은 보이지 않았다.

경성의전을 1등으로 졸업하면서 받은 금메달이 없어졌다. 볼 때마다 내가 감당할 수 없었던 일을 이끄신 분이 하나님이

심을 늘 되새기게 했던 메달이었다. 그것을 도둑맞고 말았다.
 참으로 누가 누구를 취조한단 말인가? 나랏일을 한답시고 결국 일말의 양심도 없이 남의 것에 손을 대는, 기본도 없는 깡패들이나 다름없지 않은가 말이다.
 난 섭섭한 나머지 잠도 오지 않았다.

8장 더불어 이룬 사랑

복음병원이 언제까지 가겠느냐. 같이 서울로 가서 교수 일에 전념하자."고 간곡하게 권해 주었지만 나는 차마 복음병원을 떠날 수가 없었다.

 겨울이 가고 언제 꽃이 피었는가 싶더니, 성큼 여름이 다가왔다. 내가 제3육군 병원에서 일을 한 지도 벌써 6개월이나 흘렀다. 때로는 그리움을 누르며 버틸 수 있게 해 준 이 일터가 그저 감사했다. 따가운 햇살도 그저 축복처럼 느껴지는 아침이다.
 "장 선생님, 누가 찾아오셨어요."
 간호사의 말이 끝나기 무섭게 한상동 목사가 들어왔다.
 "목사님, 어떻게 연락도 없이 오셨어요?"
 한상동 목사는 빙그레 웃으며 말했다.
 "소개해 드릴 분이 있어서 설레는 맘에 한걸음에 왔지요."
 한상동 목사는 혼자가 아니었다.
 "장 선생, 인사하세요. 이쪽은 전영창 목사, 그리고 김상도 목사."

"처음 뵙겠습니다. 장기려입니다."
나는 차례로 두 사람과 악수를 하며 인사를 했다.
"누추하지만 앉으세요."
한상동 목사는 덥석 내 손을 잡았다.
"장 선생, 드디어 우리의 숙원을 이뤄주시는가 보오."
"그게 무슨 말씀이십니까?"
"여기 계신 전영창 목사를 통해 한국에 의료봉사 후원금이 모였습니다. 처음에는 그 돈으로 항생제를 무료 보급하는 것을 생각했었는데. 하나님 뜻은 다른 곳에 있었던 것 같소."
얘기를 듣고 있자니, 심장이 쿵쿵거리기 시작했다.
"어서 말씀해 보세요."
그러자 경상남도지역 구제위원회 회계를 맡고 있는 김상도 목사가 말을 이었다. 그의 목소리도 흥분을 감추지 못했다.
"자초지종을 '국제연합 민사원조 사령부'에 찾아가 이야기했더니, 작은 의원이라도 내면, 매일 50인분의 약을 원조해 주겠다고 약속을 했습니다."
"정말입니까?"
내가 잠시 놓치고 있었던 약속을 하나님께서는 협력하여 선을 이루게 일깨우셨다. 처음 의사의 길에 들어설 때 오직 가난하고 약한 사람들을 위해 한평생을 드리겠다고 하지 않았는가?

막상 내 입에 밥숟가락 들어가기가 바쁘다 보니, 접어둔 약속이었다.

"장 선생님께서 '무의촌 의료'에 뜻이 있다고 한상동 목사님으로부터 들었습니다. 이렇게 우리가 만난 것은 결코 우연일 수 없다고 생각합니다. 저희와 뜻을 함께해주시길 부탁 드리려고 이렇게 찾아왔습니다."

전영창 목사는 심지가 곧은 사람 같았다. 그 중심에 하나님이 있음을 느낄 수 있었다. 이것은 부르심이었고 난 망설이지 않았다.

나는 1951년 6월 30일, 6개월간의 보금자리였던 제3육군병원을 떠났다.

부산 영도구 남항도 2가. 제3영도교회 창고.

이곳이 우리의 첫 치료소가 되었다. 대부분의 병원이 천막이나 창고에서 개업을 하던 터라 이 정도면 감지덕지였다.

마침 서울의전 출신의 여의사 차봉덕이 진료소를 설치하여 운영하고 있던 곳이었다. 우리는 이곳을 이어받아 진료를 시작하기로 했다.

'복음진료소'

기독교 정신이 깃든 이름이기도 했지만, 이 진료소가 모든 사람에게 '기쁨의 소식'이 되기를 바라는 마음이었다.

설립자 겸 운영자는 한상동 목사가, 병원 총무는 전영창 목사가 맡아주었다. 부끄럽게도 내가 원장자리를 맡게 되었다.

30평쯤 되는 진료소 안을 야무지게 배분했다. 환자대기실, 수술실, 약국, 진찰과 치료실로 나누었다. 다행히 매일 50명의 약값을 지원받을 수 있었던 덕에 후원금으로 수술 장비를 구비할 수 있었다.

선한 뜻이 있는 곳에는 늘 돕는 손길을 채우시는 하나님의 섭리를 다시 한 번 깨닫게 되는 과정이었다. 2개월 정도 지날 무렵 서울의대 교수인 전종휘 박사가 내과와 소아과 진료를 맡아주었다. 뿐만 아니라 간호사, 약사, 심지어는 구급차 기사까지 채워주셨다. 이렇게 7명으로 우리 '복음진료소'는 세워졌다.

언제 세수를 했는지 모를 정도로 꼬지지한 아이의 손을 꼭 잡은 아낙이 진료실로 들어왔다.

"어디 보자."

난 청진기를 잠시 손에 움켜쥐었다. 그러고는 아이의 가슴에 가져다 댔다.

"차갑지 않지?"

아이는 고개를 끄덕였다.

'주님, 부디 오진하지 않도록 지혜를 주시옵소서.'

난 눈을 감고 청진기로 가슴과 등을 살폈다.

"자, 숨을 크게 들이마셔 보렴. 그렇지. 이번에는 천천히 내쉬어 봐."

아이는 잘도 내 말을 따라 주었다.

"잘했다."

"아직 숨소리가 나쁘진 않습니다. 3일 치 약을 처방해 드릴 테니 폐렴이 되지 않도록 잘 돌봐주세요. 미지근한 물을 많이 먹이는 게 중요합니다."

"감사합니다. 선생님!"

아이의 엄마는 인사를 몇 차례나 하던지. 진료실을 나서는 순간까지도 고개를 숙였다.

비록 무료진료였지만 지금까지 지내온 그 어떤 순간들보다 더 혼신을 다했다. 가난한 환자들 한 명, 한 명이 하나님이 내게 맡겨주신 양과도 같았다.

'내 양을 먹이라.'는 말씀이 늘 마음에서 떠나지 않았다.

'복음진료소'는 무료진료를 한 이유로 정말 많은 환자들이 몰려왔다. 심지어 하루에 100명도 넘는 환자를 진료했다. 이대로는 효율적으로 환자들을 돌볼 수 없었다. 일시적으로 다녀가는 환자들도 있었지만 입원 치료를 받는 환자의 수도 만만치 않았다.

우리는 '국제연합 민사원조 사령부'의 도움으로 대형군용 천막 3개를 가지고 초등학교 옆 공터에 'ㄷ'자 형태의 가건물을 지을 수 있었다. 여유 있는 수술실과 기숙사, 그리고 입원실로 사용하게 된 것이다.

그리고, 또 하나의 기쁜 소식은 1951년 12월 23일, 나라로부터 '복음의원'으로 병원 개설 허가를 받게 되었다. 모두가 사랑으로 하나가 되어 맺은 열매였다.

복음의원으로 몰려드는 환자들을 바라보고 있노라면, 병원이 없어서 평생 치료 한 번 못 받아 보고 죽어가는 사람들에 대한 생각을 떨쳐버릴 수 없었다. 난 오랜 고민 끝에 결단을 내렸다.

"오늘, 중요한 안건을 내놓으려고 합니다."

아침 직원예배 시간에 난 작정하고 말을 꺼냈다.

"한 달에 한 번씩 '무의촌 진료'를 하는 것이 어떤지 선생님들의 생각을 듣고 싶습니다."

예상했던 대로, 모두 당황하는 눈빛이었다.

"선생님, 반대할 이유가 전혀 없는 일이긴 하지만. 지금 병원 상황도 넉넉지 않은데 다른 생각이 있으신지요."

난 고개를 저었다.

"아니. 아직 아무것도."

잠시 침묵이 흘렀다.

"그래서 이 자리에서 공표하는 겁니다. 같이 기도하길 바라는 맘으로."

우리는 이날 이후로 매일 아침 함께 '무의촌 진료'를 위해 구체적으로 기도하기 시작했다. 기도는 곧 기쁜 소식으로 돌아왔다. '복음의원'에 오직 '무의촌 진료'를 위한 원조를 받을 수 있게 된 것이다. 뿐만 아니었다. 함께 할 의료진부터 구급차를 운전할 기사까지 모두 준비되었다.

오직 봉사하고자 모인 사람들의 마음은 뜨거웠다.

우리는 금요일 진료를 서둘러 정리하고 오후 늦게 무의촌으로 출발했다.

무의촌에 있는 작은 교회들은 아주 중요한 우리의 징검다리가 되어 주었다.

"어이구, 젊은 의사 선생들이 이런 험한 데까지 왔소!"

"어르신들 뵈러 왔지요. 어디가 편찮으신지 진찰할게요."

생전 '청진기'가 뭔지 처음 보는 사람들도 있었다. 그도 그럴 것이 병원도 없는 곳에서 말해 무엇 하겠는가?

살이 곪아 썩어들어가도 치료할 방법이 없어 방치하는 것은 일도 아니었다. 대부분의 노인들은 제대로 먹지도 못한 터라 만성 폐렴 증세에 시달리고 있었다. 그저 색색거리는 숨소리와 잔기침 때문에 병원에 갈 만큼의 여유가 없었던 거다. 가슴이 아픈 것쯤이야 목숨이 붙어있으니 그것만으로도 감사하고 하루를 버티듯 살고 있었다.

'아, 주님. 이곳은 어쩌면 이토록 다른 세상이란 말입니까?'

'무의촌 진료'는 보람되기도 했지만. 다녀올 때면 마음이 한동안 힘들었다.

우리 팀은 한 달에 한 번 '무의촌 진료'를 이어갔다. 진료가 끝나면 교회에서 '전도 영화'를 상영했다. 워낙 문화적인 노출이 없는 곳인지라 마을 사람들에게는 내용의 중요성보다는 그저 새로운 것에 대한 호기심이 더 컸다. 그래도 시나브로 그들의 삶을 변화시킬 복음을 위해 우리는 감사함으로 기도했다.

하나님이 보낸 귀한 직원들은 이미 예수님의 인격을 닮아있는 사람들이었다. 그렇기에 그들은, '복음의료원'의 남다른 계산법을 따를 수 있었다.

우리 병원은 급여가 없었다. 스스로 일한 만큼, 필요한 만큼 가져가는 것이다. 단 한 가지 기준이 있다면 '가족 수'였다. 우선 11명의 정직원과 그 가족 33명을 월급 산정기준에 합산했다. 미국 개혁 선교회에서 월 500달러의 지원이 나왔는데 그것을 44명으로 나누어 가족 수 대로 월급을 책정하는 방식이었다. 이런 계산법으로, 운전기사의 월급이 제일 많았다. 모두 똑같이 고생했으니, 공동체로서의 소임을 다하고자 하는 귀한 마음이었다. 내가 세상 어디에 가서 이렇게 소중한 사람들을 만날 수 있겠는가!

'복음의원'은 받은 은혜가 끝없이 순환되는 곳이었다.

"혹시, 이곳이 돈 없이도 치료를 받을 수 있는 곳입니까?"

고관절이 굳은 듯 보이는 한 남자가 '복음의원'을 찾아 왔다.

"그렇습니다. 어디가 불편해서 오셨어요?"

그러나 남자는 갑자기 눈물을 흘리기 시작했다.

"보시다시피 걸을 수가 없습니다. 전쟁 중에 부상을 입었는데. 그 후로……."

남자를 침상에 눕히고 살펴보니 상행성 척추 마비로 고관절이 굳은 것이었다.

"수술합시다."

내 말에 깜짝 놀란 남자는 눈물만 흘렸다.

"'장기려' 이름 석 자와 '복음의원'을 소문으로 듣고 죽을 힘을 다해 왔습니다. 기대는 둘째 치고 지푸라기라도 잡겠다는 심정으로 왔는데."

남자는 더 이상 말을 잊지 못했다.

말씀으로 38년이나 누워 살던 중풍병자를 고치신 예수님이 생각났다. 그때 주님의 마음이 이렇게 애절하셨을까? 얼마나 가엽고 불쌍한 마음이었을까? 때론 나의 안타까운 모습들을 보시며 이렇게 날 위해 기도하시겠구나 하는 생각에 눈시울이 뜨겁게 젖어왔다.

수술 일정을 잡고 전공서적을 살폈다. 이미 고관절이 상당이 굳어 있는 탓에 쉽지는 않을 듯했다. 난 최적의 방법을 찾기 위해 몇 날을 샜다.

정기상은 힘든 수술을 잘 견뎌냈다. 수술을 하는 것보다 더 고통스러운 것은 재활이었다. 그것을 묵묵히 감당해주는 모습이 더 감사였다. 정기상은 다리를 절긴 했지만 걸을 수 있게 되었다.

"선생님, 제가 거저 받았으니 이 병원을 위해서 무슨 일이라도 하고 싶습니다."

"말은 고맙지만, 아직은 회복 단계니 몸을 아끼세요."

"선생님, 평생 걷지 못할 저에게 자유를 주셨어요."

난 미국 사람이 운영하는 물리치료병원을 통해 매일 치료를 받을 수 있도록 했다.

나는 정기상이 엑스레이 촬영기사, 병리검사 자격증까지 공부할 수 있도록 도왔다. 결국 정기상은 '복음의원'을 위해 무료 봉사를 하기 시작했다.

믿지 않는 사람도 거저 받은 은혜를 다시 누군가를 위해 되갚으려고 애를 쓰는 모습을 보며 난 거저 받은 구원의 삶을 어떻게 갚으며 살아가고 있는지 더 고민하지 않을 수 없었다.

이토록 '복음의원'은 아름다운 곳이었다.

1956년 9월, 난 부산대 의과대 교수로 새로운 삶을 시작했다.

한동안 서울의대와 복음병원을 오가며 보람도 있었지만 체

력적으로 한계를 느끼며 서울대 교수직을 그만둘 무렵 경성의전 5년 선배인 정일천 학장이 기회를 준 것이다.

　난 '간디스토마'에 관한 연구에 관심이 있었다. '복음의원'에서나, '무의촌 진료'를 통해 본 부산 사람의 상당수는 '간디스토마'로 힘들어했다. 바다와 강과 인접한 부산, 경남 사람들의 지역적인 특징 때문이었는지도 모른다. 대부분 부산 사람들은 날로 생선을 먹는 식습관이 있었다. 그러니 자칫 청결에 신경을 쓰지 못하면 어패류 내에 있는 기생충이 몸속에 자리를 잡고 마는 것이다. 그 중 치명적인 것은 '간디스토마'였는데 이 녀석은 어떻게 간을 구별하는지 간에만 붙어 축내는 놈이었다. 약물치료가 잘 되지 않으며 간암으로 발전해 간을 잘라내야 하는 상황까지 이르는 병이었다. 그런데 여기서 문제는 핏덩이인 간을 어떻게 하면 출혈을 최소화해서 절제할 수 있느냐 하는 것이다.

　나는 이 문제를 반드시 해결하고 싶었다. 하지만 연구비가 만만치 않은 것이 첫 번째였다. 사실 적당한 명목이 있어야 하는데 구실을 찾기 쉽지 않았다. 그러던 어느 날 기회가 왔다.

　"장 교수, 대한외과학회에서 연락이 왔어!"

　"무슨 일입니까?"

　"내 밑에 민영옥이 알지? 얼마 전에 '간 내 맥관 계통의 형태학적 연구'라는 논문을 발표했거든."

"그 논문은 저도 관심 있게 봤지요."
"이번에 장기려 자네 논문이 대한외과학회지에 실리면서 동시에 주목을 받았다더군. 둘 다 부산대 교수들이라 이목이 집중된 거야."
"그렇군요. 그런데 그 얘길 전하려고 연락을 한 겁니까?"
"자, 본론은 지금부터!"
정일천 교수의 눈빛이 반짝였다.
"'간 및 담도 외과'에 대한 숙제가 부산의대에 떨어졌네!"
난 귀가 번쩍했다.
"숙제 내용이 뭡니까?"
"간 기능을 적게 손상시키면서 간 대량 절제술을 하고 빠르게 회복시키는 방안을 찾아내는 것이지!"
'그래, 그거야!' 난 속으로 환호했다.
"장기려. 애쓰게."
정일천 교수는 내 어깨를 툭 치고는 갔다.
큰 프로젝트인 만큼 많은 인력이 필요했다.
난 적절하게 일을 배분할 수 있는 지혜를 주시길, 그리고 준비된 사람들을 보내주시길 기도했다.
가장 중요한 것은 간이 어떻게 생긴 놈인지 아는 것이었다.
간의 내부 모양을 정확하게 알아낼 수 있어야 잘라 낼 부분이 정해지기 때문이다. 나는 질서의 하나님만을 절대적으로 믿었다. 그렇기에 그분의 창조에 반드시 질서가 있다는 것은 의심할 여지도 없는 일이었다. 다만 그것을 찾아내는 것은 내 몫이었다.

처음에는 민영옥과 정우영에게 일을 맡겼다.

그들은 모델을 만들기 위해 착색제로 쓰이는 산화 제2철에 젤라틴을 배합한 액체를 간에 주입하고, 굳으면 엑스레이 촬영을 하는 방법으로 실험을 했다. 이 실험을 위해 쓰인 시체만 해도 120구나 됐다.

하지만 실험을 계속할 수 없었던 가장 큰 벽은, 바로 제거 작업이었다. 배합한 액체가 굳고 나면 본뜬 표본만 남기기 위해 간의 조직을 떼어 내야 하는데, 둘이 딱 들러붙어 좀처럼 쉽지가 않았다. 그래서 바늘로 아주 조금씩 제거할 수밖에 없었다. 옆에서 보고 있는 것만으로도 이런저런 악취로 속이 메스꺼웠다.

우리는 고민 끝에 비닐이나 껌의 원료로 쓰이는 초산비닐을 사용해 보기로 했다. 비닐은 재질의 특성상 잘 달라붙지 않는 성질이니 가능할 수도 있겠다는 판단이었다.

액체형태의 초산비늘을 처음 실험과 같이 간 내 혈관과 담관에 퍼져 들어가도록 주입했다. 동맥은 빨간 색소를 물들인 초산비닐, 정맥은 파란 색소를 물들인 초산비닐로 구별했다. 그러고 시간이 흘러 초산비닐이 굳으면 간 조직을 떼어냈다. 결과는 성공적이었다. 우리가 기대했던 대로 간 조직과 초산비닐이 들러붙지 않아 아주 깨끗이 분리되었고, 간 내 혈관과 담관의 모형도 정확하게 유지하고 있었다.

하지만 축제 같았던 실험실의 분위기도 잠시. 초산비닐의 값이 상당해서 실험을 더 이상 진행 할 수 없었다.

그러던 어느 날이었다.
"장 박사님, 잘 지내셨습니까?"
"아이고. 어서 오세요."
부산비닐을 운영하는 양재원 사장은 외과 식구들이 먹을 간식들을 양손 가득 들고 왔다.
"이제 그 손은 가볍게 오세요. 제가 너무 송구스러워 그럽니다."
"그런 말씀 마세요. 박사님 아니셨으면 가족 같은 김 전무를 다시는 못 보게 되지 않았겠습니까? 맘이야 이보다 더한 걸 해드리고 싶은데 원체 사양만 하시니. 외과 식구들 입이라도 채워야 제 속이 편하겠습니다."

양 사장은 사업을 하는 사람이라 그런지 볼 때마다 화통했다. 그리고 경상도 사나이다워서, 의리도 만만치 않았.

양 사장과는 묘한 인연으로 만났다.

얼마 전 급하게 '해돋이 의원'으로부터 도움요청이 있었다.

40대 중반의 남자가 교통사고로 '두개저부골절'이 되어 의식불명 상태라고 했다. 나는 바로 구급차를 지원했고 곧바로 수술을 했다. 그러고는 코에 관을 삽입해서 영양분을 공급하면서 14일간 지켜보았다. 다행히 환자는 의식을 회복했고, 사고를 당한 지 한 달 만에 퇴원했다.

이 남자가 바로 양 사장 회사의 전무였던 것이다.

둘 사이는 막역한지라 양 사장은 은혜를 갚겠다며 나뿐 아니라 여러 의사들에게 영국제 양복을 해주겠다고 나섰다. 그때 한사코 거절하느라 얼마나 애를 먹었던지.

그 후로 양 사장은 감동을 받았는지 자주 날 찾아와 병원 식구들 간식거리를 책임져 주곤 했다.

"장 박사님, 매번 아니다, 아니다만 하지 마시고 어려운 일 있으시면 언제든지 말씀하세요. 이정도 인연이면 이제 남도 아닙니다."

이건 기회였다.

"양 사장님."

순간 망설여졌다. 이래도 되는 것일까 싶었다.

"말씀하세요. 장 박사님. 그렇지 않아도 얼굴에 수심이 가득하십니다."

"허허, 요즘에 독심술도 하십니까?"

"농으로 넘기지 마시고 어서 말해 보세요."

난 차마 떨어지지 않은 입을 열었다.

"지금 연구 중인 과제가 있습니다. 간 내부 모형을 만드는데 초산비닐이 가장 최적의 재료인 것도 확인했지요. 그런데……."

"연구비는 제가 책임지겠습니다."

"네?"

말이 끝나기도 무섭게 들은 대답에 난 귀를 의심했다.

"어떻게든 만들 테니 걱정 마십시오. 우리나라 의학계에 크게 한 번 이바지할 기회를 얻었군요. 하하하!"

예상치도 못했던 순간에 일이 너무 쉽게 해결되었다. 그러니 더욱 겸손할 수밖에 없었다.

얼마 후 양 사장으로부터 연락이 왔다.

"장 박사님!"

수화기 너머로 들리는 소리가 우렁찼다.

"구인회 회장이 1백 환을 후원했습니다."

"아니, 어떻게 그렇게 큰돈을 선뜻 내주셨단 말입니까?"

"하하하, 큰돈은요. 저희 부산비닐이 일 년에 '낙희' 제품을 팔아주는 거에 비하면 세 발에 피지요."

"감사합니다. 양 사장님."

"감사는요. 부디 돈 걱정 마시고 마음껏 연구하시길 바라는 마음입니다."

우리 외과 교실은 활력을 얻었다. 그리고 다시 실험은 시작되었다.

  연구원이었던 유성연은 초산비닐로 간 내 혈관과 담관의 모형을 뜨는 데 주력했다. 무려 140구나 되는 시체와의 사투를 벌인 것이다. 이렇게 많은 시체를 조달받을 수 있었던 것은 우리나라 '해부학계'에서 유명한 정일천 교수 덕분이었다. 정일천 교수는 간의 형태학적인 연구가 상당히 중요함을 알고 있었기에 절대적인 투자를 했던 것이었다.

  그 외의 수많은 연구원들이 간에 관련된 여러 분야에서 밤낮을 쉬지 않고 연구에 몰두했다.

1959년 2월 24일, 난 메스를 들었다.

환자는 간암으로 상당한 양의 간 절제를 피할 수 없었다.

간 내부의 모형이 선명하게 떠올랐다.

난 우엽과 좌엽 사이의 낫인대를 찾았다. 낫인대에 근접할수록 출혈의 확률이 줄어들기 때문에 최대한 메스를 낫인대에 바짝 붙여 절개했다.

"선생님, 됐습니다."

날 돕는 레지던트의 목소리가 떨렸다.

등줄기에 땀이 흘렀다.

암 덩이가 컸지만, 출혈을 최소화하면서 모두 절제했다.

교수실로 돌아온 나는 의자에 털썩 주저앉았다.

'주님, 놀라운 일입니다. 그동안의 연구 과정이 한눈에 보이는 순간이었습니다. 주님의 섭리가 놀랍도록 아름답다는 것을 다시 한 번 깨닫습니다. 역시, 그럴 줄 알았습니다. 반드시 당신이 숨겨둔 기묘한 창조의 질서가 있을 줄 알았습니다. 알게 하신 주님, 보게 하신 주님, 감사합니다.'

환자는 빠르게 기력을 회복했다.

1943년 간 부분 절제를 처음 성공한 이후, 광범위한 간 절제술이 성공적으로 끝나면서 '간 절제술'에 한 발 더 앞서는 기회가 되었다.

1960년, 5건의 수술 성공사례를 실험 결과와 함께 '대한외과학회'에 보고했다. 이 보고서는 대한민국 외과학회에 전무후무한 일이었다.

그런 이유로 1961년 '대한의학회 학술상'을 받게 되었다.

이 연구는 나만의 열매가 결코 아니었다.

그 누구의 도움도 소홀히 여길 수 없는 연구였다. 만약 정일천 교수의 도움이 없었다면 그 많은 시체를 제공 받기는 하늘에 별을 따는 것만큼이나 엄두가 나질 않았을 것이다. 또한 이 '상'은 함께 뜻을 다해 끝까지 실험실을 지켰던 연구원들에게 마땅히 돌아갈 것이었다. 마지막으로 정말 잊을 수 없는 은혜를 입은 것은 '의리파' 양 사장이었다.

하나님은 이렇게 연결고리가 없는 듯한, 여러 사람들을 사용하셔서 귀한 일을 이루셨다.

사람은 우주 창조를 보지 못했습니다. 우주의 창조는 사람보다 먼저 있었고, 하나님은 우주 창조보다 앞서 계십니다. 이것은 믿음으로 아는 바입니다. 우주의 삼라만상은 무엇에 기초하여 있습니까? 하나님의 실재가 사물 존재의 기초입니다. 여호와 하나님은 영원 자존자, 계시려고 하여 계시는 이십니다. 즉, 실재의 근원이시며 실재 자체이십니다. 이 하나님이 계심으로 인하여 비로소 우주가 존재할 수 있습니다. 우주와 자연은 하나님에 의하여 창조된 것이며, 하나님의 뜻을 상징하는 데 지나지 않습니다. 자연은 하나님의 뜻이라는 터 위에, 하나님의 목적을 위하여 창조된 것입니다.

〈부산모임〉 1969년 1, 2월호

9장 하나가 된다는 것

예수님의 마음을 품으라.
사명감을 가지고 사물을 대하라.
문제는 과학적으로 해결하라.
〈복음간호학교 교훈〉

 '복음의원'은 1961년 8월 7일 '복음병원'으로 이름이 바뀌었다. 몇 해가 흐르면서 '복음병원'의 입원실은 100개를 넘어서고 있었다. 점점 규모가 커지면서 많은 인력이 필요했다. 특히나 환자들의 회복에 없어서는 안 될 간호사가 턱없이 부족했다. 다른 곳으로부터 지원을 받는 것에 한계가 있기도 했지만 나의 근본적인 생각은 좀 달랐다.

 나는 복음병원을 함께 시작했던 한상동 목사와 생각을 나눴다.
 "목사님, '복음간호학교'를 설립하는 것은 어떻겠습니까?"
 "꼭 그렇게 하길 바라는 이유가 있으신지요."
 한상동 목사는 차분하게 내 이야기를 더 듣기 원하는 것 같았다.

"음, 간호사야말로 '예수님의 마음을 닮은' 인격을 갖은 사람이어야 한다는 생각이 들었습니다. 대부분 환자의 허드렛일을 돕는 것도 간호사요, 그들의 마음을 어루만져주며 가장 많은 시간을 보내는 것도 간호사이지 않습니까?"

"다른 곳에서 자원을 받을 수도 있지 않습니까?"

"목사님의 말씀도 맞습니다. 하지만 저의 목적은 '예수님의 마음을 닮은' 간호사를 육성하는 것입니다."

"음. 워낙 교육사업이 쉽지 않다는 것은 잘 아실 텐데. 그럼에도 불구하고 꼭 그런 이유에서라면 함께 기도하겠습니다."

나는 한상동 목사의 기도응원을 받으면 부지런히 일을 진행했다.

1969년 10월 29일, '복음병원' 증축과 맞물려 새 건물의 3층에 50평짜리 교실로 '복음간호학교'가 시작되었다.

나는 문교부 감사를 받고 지적받은 '교훈'과 '장학 방침'을 만들기 위해 기도하며 생각했다.

교훈은
예수의 마음을 품으라.
사명감을 가지고 사물을 대하라.
문제는 과학적으로 해결하라.

장학방침

도서실을 지나 교실로, 집담회를 지나 집으로.

'예수님의 마음을 품으라.'는 교훈은 내 평생의 좌우명이기도 했다.

감사하게도 학생들은 '복음간호학교'의 인재상에 아주 가깝게 자라주었다. 학생들을 교육하면서 가장 기억에 남는 사건이 있었다.

"교장 선생님, 어째서 침묵하십니까?"

학생들과 문제가 생긴 기숙사 사감이 날 찾아왔다.

"사감 선생님은 내가 어떤 태도를 취하기 원하는 겁니까?"

"당연히 선생과 학생 사이에 문제 생기면 선생 편에 서 주셔야 되는 것 아닙니까?"

화가 머리끝까지 오른 기숙사 사감은 따지듯이 말했다.

"제가 진상에 대한 이야기를 들었을 때 학생의 잘못을 인지하지 못했습니다. 그렇다고 학생들 앞에서 사감 선생님을 깎아내릴 수는 없지 않겠습니까?"

"교장 선생님!"

사감 선생은 그 날로 짐을 꾸려 학교를 나갔다.

그 소식을 들은 한 학생이 날 찾아왔다.

"교장 선생님. 사감 선생님 반대시위를 했던 장본인입니다."

"무슨 일로 찾아왔지?"

학생은 눈물을 흘렸다.

"사감 선생님으로부터 부당한 대우를 받은 적이 있었지만 이렇게까지 반대시위를 벌이면서 선생님을 힘들게 하는 것은 잘못된 방법이었습니다."

"그만 울게나. 내게 누구의 잘잘못을 논할 권리는 없네."

"보통은 학생을 처벌하는 것이 관례인데 왜 침묵하셨어요?"

"그 누구의 편을 들어도 억울한 사람이 나오기는 마찬가지지 않겠나. 스스로 해결할 수 있는 것이 가장 큰 공부가 되는 것이지."

그 후로 그 학생은 날 아버지처럼 존경하고 따랐다. 가르치는 제자가 바른길을 찾아 성장하는 것을 보는 것만큼 보람된 일이 또 있을까!

정말 바쁜 1968년을 보냈는데, 그 와중에 채규철을 알게 된 것은 내 삶에 축복과도 같았다.

하지만 그 날에 걸려온 한 통의 전화는 나를 나락으로 떨어뜨렸다.

난 초조한 마음으로 안절부절 했다.

"원장님! 구급차 도착했습니다!"

난 한걸음에 응급실로 달려갔다.

들것에 실린 채규철은 가느다란 숨을 쉬고 있었다. 마치 다리부터 머리끝까지 피가 거꾸로 솟는 듯했다.

"무슨 사고입니까?"

"차량이 전복되었고, 폭발하여 화재가 났습니다."

'하나님! 살려주십시오.'

내 머릿속은 이 생각뿐이었다.

채규철은 온몸에 3도 화상을 입은 상태였다. 심지어 유리 파편에 찔린 오른쪽 눈의 상태는 앞날을 장담할 수 없었다.

"장.박.사.님."

채규철이 희미한 음성으로 날 불렀다. 나는 달싹거리는 그의 입술 가까이 귀를 댔다.

"제가. 없어도. 끝까지. 전쟁. 반대와. 청십자. 의료. 보험. 설립을. 이뤄. 주십. 시. 오."

"난 끝까지 자네와 이룰 것이니, 잘 견뎌주게."

지옥과 같은 사투가 시작되었다.

'복음병원'에는 화상전용 약도 없었다. 오로지 내가 할 수 있는 건 매일 드레싱을 하는 것뿐이었다. 온몸에 두른 붕대를 풀고 머리끝부터 발끝까지 드레싱을 한 번 할 때마다 두세 시간이 걸렸다.

그 시간 동안, 채규철은 고통과 싸워야 했고, 난 귓전에서 떠나지 않는 절규와 싸워야 했다. 그래도 난, 단 하루도 거를 수 없었다. 채규철이 살 방법은 이것뿐이었으니까.

  난 함석헌 선생의 소개로 채규철을 알게 되었다. 채규철은 시립농대를 나와 5년간 농촌운동을 한 청년이었다. 더군다나 국비로 덴마크에서 유학생활을 하기도 했다. 그런 그는 스위스와 인도, 일본 등을 둘러보고 1967년에 귀국한 인재였다. 하지만 오랜 타지 생활에 지친 탓인지 안타깝게도 채규철의 아내는 폐결핵을 심하게 앓고 있었다. 이곳, 저곳을 다니며 치료했지만 쉽지 않았던 모양이다. 그런 딱한 사정을 알았던 함석헌 선생이 우리를 만나게 했던 것이다.

  다행히도 채규철의 아내는 치료를 시작하고 얼마 뒤 완치되었다. 그것이 인연이 되어 채규철과 나는 가깝게 되었다. 채규철은 내가 보기에 참 신기한 구석이 많은 친구였다. 딱히 믿음이 없었음에도 불구하고 '부산모임'을 빠짐없이 나오는 것이 정말 인상적이었다.

  첫 '부산모임'은 부산대학교 외과 교실에서 시작되었다. 내가 부산대 교수로 일하던 시절이었다. 매 주일 2시면 열 명이 채 안 되는 의사와 학생들이 함께 말씀 공부를 했다. 무엇보다도 간절했던 것은 모두, 말씀이신 예수님을 제대로 알고자 하는 마음에서였다.

그 날도 역시 '부산모임'을 하던 중이었다.

"이렇게 모여서 성경 공부하는 것도 좋지만 사회에 유익한 일을 하는 것은 어떻겠습니까?"

난 채규철의 말에 솔깃했다.

"뭐 좋은 생각이라도 있는 겁니까?"

채규철은 물 만난 고기처럼 들떠 보였다.

"자, 잘 들어보세요. 제가 덴마크에 있을 때 지독한 감기 때문에 병원을 가게 되었지요. 사실 고민고민 하다가 내린 결정이었습니다. 왜 그랬겠습니까?"

서로 눈치를 보던 회원들 중 한 명이 답을 했다.

"그거야, 돈이 문제 아니겠습니까?"

"맞아요. 우리나라에서도 가기 힘든 병원인데, 타국에서야 오죽하겠습니까. 엄두가 안 났지만 정말 죽을 것 같더라고요. 그런데 설상가상으로 입원을 하라는 겁니다."

"저런."

나도 모르게 나오는 탄식이었다.

"정말이지 누워있는 내내 가시방석이 따로 없더라고요. 어쩌겠습니까. 이미 엎질러진 물인걸. 그래서 퇴원하는 날 치료비를 정산하려고 섰어요. 병원비가 얼마가 나왔는지 아십니까?"

"글쎄요, 그 나라 환율도 정확하지가 않으니, 어쨌든 엄청 난감했겠네요."

채규철이 개구쟁이 같은 미소를 짓더니 말을 이었다.

"몇 가지 서류에 서명을 하라고 하더니, 그냥 가라는 겁니다."

지금 생각해 보면, 모임에 앉아 있던 사람들은 모두 똑같은 생각을 했던 것 같다.

'사기꾼!'

"에이, 거짓말 좀 정도껏 하세요."

잔뜩 기대하고 들었던 한 회원이 맥 빠진 소리로 말했다.

"모르시는 말씀. 덴마크는 세금의 일정 금액을 의료비로 비축해 두었다가 누구든지 아프면 무료로 치료받을 수 있는 제도가 있더라고요."

내 머릿속에서도 뭔가 번쩍였다.

사실, 북에 있을 때 살짝 경험해본 적이 있었다. 모두가 공평하게 의료 혜택을 누릴 수 있도록 정해 놓은 틀이 있었던 것이다. 그런데 입원까지 했는데 무료라니.

"그럼, 무엇을 어떻게 시작하는 게 좋겠소?"

이런 제도라면 가난한 사람들도 적은 돈으로 충분히 의료혜택을 누릴 수 있을 거라는 확신이 들었다. 이것이야말로 공동체의 힘이 아니겠는가?

나의 질문에 다른 회원들도 뜻을 같이하기로 했다.

그렇게 시작된 것이 '청십자의료보험'이었다.

시작을 함께해 준 것은 부산의 교회들이었다. 이 사업이야말로 교회와 더불어 일궈야 할 일이라고 생각했다. 물론 대부분의 교회로부터 외면당했지만, 그것은 중요하지 않았다. '청십자의료보험'은 종교, 인종, 이념, 국적과 무관하게 회원을 모집했다. 예수님의 선하심은 모두를 향해 있으니 말이다.

어느 날 이었다.

한 환자가 내 방문을 두드렸다. 이내 환자는 빼꼼히 얼굴을 내밀었다.

"어서 들어와요."

환자는 여전히 진료실 문 앞에서 서성였다.

"저, 선생님."

"이리 와 앉으래도 그러는구만."

나는 환자를 조심이 의자에 앉혔다.

"몸은 좀 어때요?"

"엊그제 방귀가 나온 후로는 괜찮습니다."

"그래요, 수술 잘 됐으니까. 걱정하지 말아요. 소독하러 오는 거 잊지 말고. 알겠죠?"

"네."

환자의 목소리에 힘이 없었다.

"왜요? 뭐 더 궁금한 거 있어요?"

"저, 그게요. 선생님. 수술비가……."

난 그제야 그 마음을 알아 차렸다.

"아, 걱정 마세요. '청십자의료보험' 회원이라 천 원만 내시면 됩니다."

"정말인가요?"

"네, 정말이에요."

아까와는 확연히 다른 청년의 표정에 난 웃음이 절로 나왔다.

"감사합니다, 선생님!"

"감사는요. 다 저희를 믿고 회원이 되어주신 덕이지요. 가벼운 맘으로 돌아가세요."

청년은 몇 번이고 인사를 하며 퇴원을 했다. 그 모습에 어찌나 내가 더 고맙던지.

많은 시행착오를 겪었지만 '고진감래'라고 했나. 큰 병을 앓고 수술까지 해도 '청십자의료보험' 회원이라면 '십 분의 일'도 안 되는 진료비만 지불하면 된다는 경험담이 입소문을 타고 퍼지면서 가입자 수가 점점 늘어났다.

담배 한 갑이 100원인 것에 비해, 한 가정당 매월 60원씩만 내면 이 좋은 혜택을 누릴 수 있었다. 한 사람이 내는 금액은 적어도, 많은 사람이 모이면 꼭 필요한 때에 누군가는 아주 큰 도움을 받을 수 있었던 것이다.

이런 사회사업에 열심이었던 채규철이 힘들어 하는 것을 보고 있자니 맘이 저렸다. 하지만 내가 무너지면 채규철이 누구를 의지할까 싶은 생각에 결코 포기할 수 없었다.

채규철은 여러 번의 피부이식 수술을 받았다. 그 고통을 이루 말할 수 있었을까. 하지만 그는 힘든 시기를 잘 이겨냈다.

그와 함께 한 사업은 '청십자의료보험' 뿐만이 아니었다.

'장미회'는 나에게 의사로 살아갈 이유와 목적을 알게 해 준 귀한 일이었다. 나로 이 일에 동참하게 이끌어 준 사람 또한 채규철이었다.

"장 박사님, '장미회'를 들어보신 적이 있습니까?"

한참 치료에 힘쓰고 있어야 할 채규철에게 연락이 왔다.

"아니, 난 처음 듣네만."

"그럼 '간질환자회'가 있다는 것은 아십니까?"

"물론이네, 작년쯤 들은 기억이 있지."

"그 간질 환자들이 모여서 만든 모임이 '장미회'입니다. 우리가 해야 할 일인 것 같습니다."

하나님께서는 늘 이렇게 일하셨다.

비겁하고 우둔한 내가 감히 생각조차 못 할 일들에 채규철은 늘 촉각을 곤두세우고 있었다.

1969년 12월, 부산에도 '간질환자회'가 꾸려졌다. 그리고 난 망설일 이유 없이 회장을 맡았다.

'복음병원', '복음간호학교', '부산대학교', '청십자의료보험', '무의촌진료'를 함께 하면서 어느 것 하나 귀찮게 여긴 적이 없었다. 내가 비록 몸을 담고는 있으나 많은 일들을 감당해 준 것은 뜻을 함께했던 분들이 있었기 때문이다. 내가 이곳에 있지 않으면 어디에 서 있을 수 있었겠는가?

이곳들은 나를 존재하게 하는 원동력이었다.

'장미회'는 어느 곳에서도 느낄 수 없는 따뜻함이 있었다. 세상에서 소외된 약자들에게서 보기 드문 포근함이 있었다.

그들은 철저히 외면당하는 마음이 어떤 것인지 알기에, 적어도 냉대하려고 하지 않았다.

병세가 심한 환자들은 쉽게 자제력을 잃었다. 나는 눈이 뒤집힌 채로 부들부들 떠는 환자의 손을 꼭 잡았다.

"선생님, 때가 되면 멈추는 증상인 걸 아시지 않습니까?"

옆에서 지켜보는 동료가 말했다.

"남들 앞에서 널브러진 자신이 얼마나 원망스럽고 힘들겠는가, 몸이 아프다고 정신 줄까지 놓는 것은 아니라네."

난 꼭 잡은 손을 놓칠세라 발작이 멈출 때까지 간절히 기도했다.

한바탕 전쟁을 치러낸 환자는 언제 그랬냐는 듯이 평온했다. 난 온몸을 적신 땀 때문인지 한기를 느꼈다.

"고생하셨어요."

누군가 내 어깨 위로 담요를 덮어 주었다. 얼마 전 발작을 일으켰을 때 손을 잡고 기도해 주었던 환자였다.

몸은 고됐지만 힘든 시간을 함께하는 것은 기쁨이었다.

간질은 꾸준히 치료를 받으면 완치 확률이 높은 병이다. 그래서 결국 병마와 싸워 이기고, 사회로 돌아가는 환자를 보는 것은 세상 그 어떤 황홀한 경험과도 바꿀 수 없었다.

날 부르신 곳에 있었더니, 그것이 사명이 되었다.

청십자의료보험조합 의원을 개설하기 위하여 10만원 이상 회비를 내는 특별회원을 모집했어야 했다. 약 80명이 호응해서 부산시 중앙지에 청십자의원을 개설하게 된 것은 하나님의 은혜라고 믿는다.

1956년 복음병원을 건축할 때, 대지는 한국교회의 연보로 장만하였으나, 건축은 미국형제들의 도움으로 되었는데, 청십자의원은 우리 동포들의 성금으로 되었음을 생각할 때에 더욱 그 은혜가 큼을 느낄 수 있었다.

1968년 4월에는 고려신학교 교실 3개를 빌려가지고 복음간호학교를 인가 받아 시작했다. 1970년 네덜란드 정부로부터 약 1억원의 원조가 와서 부산 복음병원을 개축하면서 약 1,000평의 간호학교를 세울 수 있었던 것도 감사 드린다. 이 건축에는 이종헌 집사님의 도움이 컸음에 감사 드린다.

이와 같이 하나님께서 일을 시키실 때에는 먼저 생각을 일으켜 주시고, 일꾼을 보내주시며, 또 물질도 보내 주셔서 협동해서 일하도록 해 주시는 것을 느낀다.

〈부산모임〉 1977년 6월호

10장 그가 오신 이유

나는 그때에 새로운 사명감을 가지게 되었다.
가련한 환자를 돌보는 일도 귀하고 중요하지만
무엇보다 평화가 더 중요함을 느꼈다.
나는 이제부터 평화를 위하여
헌신하여야 하겠다고 생각했다.

1976년 6월 25일, 난 복음병원 원장으로서 강단에 마지막으로 섰다.

처음 믿음의 동지들과 함께 의기투합하여 열정으로 세웠던 그 모습이 아직도 생생했다.

나는 마음을 가다듬고 퇴임사를 이어갔다.

"저의 복음병원 재직 말기에 일어난 직원 간의 불화, 이사회의 불화는 저에게 큰 책임감과 더불어 새로운 사명을 깨닫게 하였으며 그 사명을 위해 살게 하시는 하나님께 감사 드립니다. 저는 이 새로운 사명을 가지고 복음병원 원장직을 물러납니다."

3년 전, 고신 총회장, 이사장, 고신대학 학장이 날 서울로 불렀다.

"장 박사, 이번에 특별히 올라오라고 한 이유는 아주 중요한 사안을 검토받아야 하겠기에 불렀소."

세 사람은 서로 말 꺼내기를 미뤘다.

그때 이사장이 말했다.

"우리 장 박사님, 올해로 몇이신가요?"

이사장은 상당히 거들먹거리며 말했다.

"올해, 예순하나 됩니다. 나이는 왜 물으십니까?"

"흠, 다름이 아니라. 이번에 복음병원 교직원 정년을 65세로 당기는 것이 어떨까 하는 안이 나와서 말입니다."

복음병원 의사들의 정년은 70세였다. 그런데 갑자기 오 년씩이나 단축시키려는 그들의 속내를 알 수 없었다. 이들의 태도에 대해 정확히 말할 수 있는 것은 월권이라는 것이다.

처음 고신대학교가 대학으로 인정받기 위해서는 까다로운 조건이 있었다. 그것은 이익을 낼 수 있는 기관을 두고 있어야 했는데, 그때 가장 안성맞춤이었던 것이 바로 복음병원이었다.

참 많은 고민 끝에 받아들였던 결정이었다. 그 당시 고신대학교 대표는 우리 복음병원에 약속한 것이 있었다. 어디까지나 명목이 필요할 뿐이니 병원 행정에는 절대로 손을 대지 않겠다고 했다. 그런데 슬슬 주객이 전도될 조짐이 보이기 시작한 것이다.

나는 그 날 후로 더욱 잠을 이룰 수가 없었다. 한참 누워 있었지 싶었는데, 일어나 보니 고작 새벽 2시였다. 난 물이나 한 잔 마실까 하여 부엌으로 들어갔다.

"선생님, 왜 못 주무십니까?"

손동길이 달그락 소리에 깬 모양이었다.

한숨이 먼저 나왔다.

"흠, 걱정이 돼서 말이다."

"말 못하실 만한 일이세요?"

나는 고개를 저었다.

"내가 며칠 전에 서울을 다녀왔지 않냐."

늘 다정한 손동길은 내 손을 꼭 잡고 이야기를 들었다.

"그런데요."

"글쎄, 교단에서 갑자기 정년을 5년이나 당겼어."

"아니, 왜 복음병원 의사 정년을 자기들 맘대로 정한답니까?"

"글쎄다. 그나저나 내 거처는 둘째 치고 '청십자의료협동조합'이 출발한 지 얼마 되지도 않았는데, 내가 퇴임하게 되면 복음병원에서는 더 이상 협조하지 않겠다는 거야. 나더러 같이 데리고 나가라는 거지."

"세상에, 결국 복음병원을 돈 벌어드릴 큰 병원으로 만들고 싶어서 선생님을 내쫓겠다는 거 아닙니까!"

아주 오래전부터 무료 병원인 '복음병원'이 '고신 재단'과 엮이면서 그들은 틈만 나면 의료 환경을 탓했고, 가난한 사람들만 몰려드는 병원이 어떻게 크겠냐며 호시탐탐 병원의 유료화를 거론했었다.

"음, 동길아. 내일 시내 나가서 집을 좀 알아보거라."

"집은 왜요?"

"환자 봐야지! 작은 병원 내게."

걱정이 크다 보니 항상 최악의 상황을 생각하는 습관이 들어버렸다.

"환자야 왜 못 보시겠어요. 잘 될 테니 걱정 마시고 주무셔요."

손동길은 내 아들이나 다름이 없다. 처음 손양원 목사가 큰아버지 된다는 말에 깜짝 놀랐고, 손동길을 통해 손양원 목사의 남은 가족들이 극한의 궁핍한 삶을 살고 있다는 사실에 분노했다. 고아와 과부를 우선으로 생각하고 돌보시며 삶으로 가르치셨던 예수님을 따르는 자는 없었던 것이다.

손동길은 내 아들이고, 손과 발이자, 수술을 돕는 파트너가 되었다.

이사장은 곧 속내를 드러내기 시작했다. 은퇴 정년에 대한 얘기를 한 지 얼마나 지났을까, 병원으로 날 찾아왔다.

그는 소파에 앉아 거드름을 피우며 말했다.

"아이고 우리 장 박사님, 교회 덕분에 이렇게 좋은 병원장실에도 계시고."

"목사님, 하실 말씀만 하세요."

좋은 소식을 가지고 왔을 리 만무하기에 얼마나 큰 것이 터질지 조마조마했다.

"음, 명색이 제가 이사장인데 병원에 이사장실도 하나 없는 듯하여 드리는 말씀입니다만. 어떻게 생각하십니까? 장 박사님."

어차피 마음을 먹고 왔을 터, 나에게 이 방 한 칸이 무슨 의미가 있겠는가 싶었다.

"정 필요하시다면, 그렇게 하시지요."

그 날로 병원장실은 이사장실이 되었다.

이사장이 병원으로 들어오자 더 많은 행정에 간섭을 했다. 시도 때도 없이 날 호출하기 일쑤였다.

난 호출을 받고 이사장실로 갔다.

호출을 할 때마다 뭔가를 들먹거리며 날 흠집 내기 위해 안달하던 평소 태도와는 많이 달랐다.

"어서 와 앉으세요."

비서가 차를 내왔다.

"요즘 많이 힘드시지요?"

"저야 늘 하던 일이 환자 돌보는 일인데 힘들게 뭐가 있겠습니까?"

"그러니까요. 평생 환자밖에 모르는 분께서, 병원재정에 손해를 입힌 서무과장을 묵인하시다니 이게 어찌 된 일입니까?"
나긋한 이사장의 말에 소름이 돋았다.
사실, 시간이 흐르면서 복음병원의 처음 정신이 흐려지기 시작했다. 월급이 적다고 느낀 몇몇 의사들이 일한 만큼 가져가야겠다며 서무과에서 마음대로 돈을 타가기 시작한 것이다. 원래 복음병원의 급여 체계가 양심에 맡기는 거였기에 뭐라고 할 수 있는 방안이 없었다.
세상이 다 내 마음 같지만은 않았던 거다.
이렇게 자꾸 재정이 힘들어지자 서무과장은 박 장로라는 사람과 병원 재정으로 사업을 일으켜 그 수입으로 모자란 부분을 채우려고 했다. 하지만 사업은 실패로 돌아갔고 결국 병원은 큰 손해를 입고 말았다.
서무과장은 간절히 용서를 빌었다. 다 병원을 위해 해보고자 했던 일이 잘 안 되었으니 그 마음도 오죽할까 하는 측은한 마음이 들었다. 난 병원의 사업 손실인 걸로 처리했는데, 결국 양심에 가책을 느낀 서무과장이 사퇴를 한 일이었다.
엄연히, 잘못을 덮은 나의 과오가 컸으니 뭐라 할 말이 없었다.
"거창교회에 재정으로는 빠삭하게 일 처리를 잘하는 장로님이 계세요. 서무과장 후임으로 괜찮아 보입니다."

나에게 무슨 결정권이 있겠는가.

"이미 결정하신 듯하니, 제가 드릴 말씀이 더 있겠습니까?"

"알겠어요. 장 박사. 그럼 동의한 줄 알고 진행하지요."

하지만 서무과장이 새로 온 지 얼마 되지 않아, 여직원 성추행 파문에 휩쓸렸다. 이 일은, 복음병원 얼굴에도 치명적이었다.

나는 아들처럼 아끼던 제자인 진료부장에게 전화를 걸었다.

"박 선생, 얼마 전 있었던 서무과장 일 자네도 알지?"

"그럼요. 선생님."

"아무래도 본인은 물론이고, 복음병원을 대표하는 나와 자네가 책임을 지는 게 마땅하다고 생각하는데."

"그럼요, 선생님. 전 어떤 뜻이든 따르겠습니다."

"참, 자네에겐 미안하게 되었네."

"선생님도 참, 지금 가장 힘든 건 선생님이시잖아요. 전 괜찮습니다."

박 선생은 실력도 있었지만 인품이 좋았다. 난 날이 밝는 대로 6개월간 근신하겠다고 공포했다.

그런데 얼마 후, 박 선생에게 전화가 왔다.

"선생님, 잠깐 뵙고 싶습니다."

"그래, 내 방으로 와."

"아니요. 밖에서 뵈었으면 좋겠습니다."

박 선생의 목소리에 힘이 없었다. 난 이내 무슨 일인가 싶어 한달음에 달려갔다.

"선생님, 6개월 근신은 너무합니다."

"어제. 어찌 되든 따르겠다고 하지 않았나."

"그랬죠, 하지만 근신이라니요. 안 좋은 일에 대해 통감하는 바이지만 왜 그 일로 제가 6개월이나 일도 할 수 없고 수입이 끊겨야 합니까? 제발 어느 정도만 하시고 6개월 근신 처분은 물려주세요."

나는 화가 머리끝까지 올랐다. 지도자가 빠져나갈 궁리만 하는 것이 내 속을 뒤집은 거다.

"박 선생! 지금 내가 알던 사람이 맞나?"

박 선생은 내 기분은 안 중에도 없이 더 큰 소리로 주장했다.

"저는 절대로 근신 처분 받아드릴 수 없습니다. 대충 사과인사 하고 끝내시면 될 일을 왜 이렇게 크게 만드십니까? 취소하십시오."

"병원장이 공개적으로 선포한 일을 취소하겠다고 하면, 그 뒤로는 공적인 업무를 무슨 권위로 진행할 수 있겠나?"

"모르겠습니다. 근신처분, 저는 받아드릴 수 없습니다."

박 선생은 먼저 일어났다.

이런 일이 있은 후로 이사장과 박 선생이 함께 있는 모습을 종종 목격하게 되었다. 내 곧은 성격을 이때처럼 후회해 본 적이 또 있을까?

내가 박 선생에 대한 기대가 너무 컸던 이유로 빗나가게 만든 꼴이 되었다. 결국 여기저기로부터 서로가 할퀴는 소리들이 들려왔다. 경북의대 출신들과 부산의대 출신들은 서로 으르렁거리기 일쑤였다. 박 선생을 경계하라는 다른 제자들의 걱정도 제법 들려왔다.

그렇게 병원 분위기가 한참 팽팽한 긴장감이 돌 때였다.

검찰청으로부터 전화가 한 통 왔다.

"장기려 원장님 맞습니까?"

"네, 제가 장기려입니다."

"여기는 검찰청입니다. 한 번 심문에 응해 주셔야겠습니다."

"무슨 일로 말입니까?"

"아직 모르시는 모양입니다. 어제 폭행사건으로 진료부장이 병원 내에 의사들을 고발했어요. 병원장님이시니 출두 부탁 드립니다."

가지 많은 나무에는 바람 잘 날이 없다더니. 이 녀석들이 무슨 일을 저지르고 다녔는지. 걱정부터 밀려왔다.

심문하던 검사는 다짜고짜 나를 죄인 취급했다.

"장 원장님, 원장님이 제자들을 시켜서 진료부장을 폭행한 거 아닙니까? 진료부장 말로는 원장님이 자기에 대한 감정이 좋지 않았다고 말하던데."

검사는 이미 박 선생 쪽의 말을 기본으로 삼아서 취조를 했다.

"박 선생에 대한 나쁜 감정은 없습니다. 그러니 학생들에게 폭행을 사주할 이유가 없지 않겠습니까?"

검사는 서류파일을 탁자에 내리치며 소리쳤다.

"그럼 원장님의 제자들이 왜 진료부장을 폭행했습니까? 그것도 한 차례가 아니라 자그마치 세 차례에요! 복음병원 의사들은 다 깡패입니까?"

그때쯤 되자, 나도 가만히 듣고 있기만 할 수는 없었다.

"검사님, 어떤 이유에서라도 폭력은 안 된다는 것은 저도 알고 있습니다. 하지만 이런 식의 매도는 결국 법이 교활한 무리들의 방패가 되는 것과 뭐가 다르다는 말씀입니까? 보아하니 개인감정에서 옥신각신하던 것을 박 선생이 고발한 모양이군요. 폭력을 두둔하려는 것이 아니라, 10년 넘게 지켜본 저로서는 그 친구들이 오죽한 이유가 있었을 것이라는 겁니다. 적어도 검사님이 박 선생으로부터 들은 모든 진술은, 폭력 사실 이외에는 한 가지도 사실인 것이 없는 것 같습니다. 거짓을 진실로 가정한 채로 진행하는 수사에 무슨 열매가 있겠습니까?"

난 믿는 도끼에 발등을 찍혔다. 너무 아팠고 고통스러웠다. 그리고 그 상처는 쉽게 아물지 않았다.

이런 볼거리를 놓칠 이사장이 아니었다. 곧 나를 찾아왔다.

"아니, 장 원장, 애들을 어떻게 가르친 겁니까? 어디 남부끄러워서 다니겠습니까? 한 6개월 쉬면서 자중하세요."
더 이상 할 말이 없었다.
"원장 대리야 장 원장이 평소에도 신임하던 박 선생이 대행하면 되지 않겠습니까?"
지나온 몇 가지 사건이 떠오르면서 그림이 그려졌다. '역시 그런 거였나' 싶은 생각이 들자 쓸쓸함이 밀려왔다.

그렇게 일주일이 흘렀다.
"원장님! 원장님!"
손동길이 큰소리치며 다급하게 집으로 들어왔다.
"아니, 집이 대궐이라도 되나? 무슨 일이야?"
어찌나 급하게 왔는지 손동길은 깊이 숨을 내쉬었다.
"원장님! 이사장이 기소됐습니다."
"그게 무슨 말이야?"
"이사장이 자기 임기를 연장하려고 이사 회의록을 위조했대요."
"불쌍한 사람 같으니라고."
긴 한숨이 나왔다. 그의 인생이 측은했다.
차라리 목사가 되지 않았다면 좋았을 것을. 남들이 같은 이유로 받을 채찍보다 더한 냉대를 이겨내야 할 텐데. 가련하기 짝이 없었다.

결국 이사장이 준비했던 병원장 6개월 휴직, 새 서무과장 임명, 박 선생의 원장서리 일. 모든 것은 무산 되었다.

그 후로도 고신 교단에서 파견한 몇몇 복음병원 원장들은 자신들의 욕심을 채우기 위해 안간 힘을 썼다. 결국 본분을 잊은 몇 명의 사람들 때문에 복음병원은 처음 세워진 뜻을 점점 잃어갔다.

이를 보고 있자니, 마치 배 아파 낳은 귀한 자식이 탕자가 되어 세상에서 술 취하고, 두들겨 맞고, 끝내 시궁창에 나뒹구는 것을 목격하는 기분이었다.

태풍이 몰아치고, 한숨을 돌릴 때쯤 박 선생의 고소로 검찰에 구속되었던 한 수련의가 날 찾아왔다.

"선생님, 죄송합니다."

"날 위해서 그랬다는 거, 다 알고 있네. 하지만 폭력은 최악의 선택이었어. 알고 있겠지?"

"압니다. 하지만 박 선생을 아들처럼 아끼셨지 않습니까? 그런데 이사장에게 홀려 결국 선생님의 목에 칼을 들이댄 것이 아니고 무엇이겠습니까?"

"최군. 만약 이사장이 자네에게 병원장의 자리를 두고 날 겨누라고 했다면 어떻게 했겠는가?"

"저는 절대로, 그런 말도 안 되는 꼬임에는 넘어가지 않습니다!"
"아니, 그건 '나'라도 모르는 일일세."
불일 듯 언성을 높이던 최 군은 내 말에 침묵했다.
"고맙네, 날 그렇게까지 생각해 줘서."

1976년 6월 25일, 박 선생은 예정대로 복음병원 병원장이 되었다.
더러는 박 선생이 나를 쫓아내고 자기가 원장이 되었다고 비난했다. 하지만 나는 박 선생이 워낙 총명한 사람이었기에 내 교실에서 10년 만에 자기의 자리를 찾았다고 본다.
누가 뭐라고 해도 박 선생은 내가 낳았다고 믿는다.

이 작은 병원에서도 얼마나 많은 시기와 질투가 존재하는가?
우리는 모두 그냥 사람이다.
예수의 뒤를 따르겠다고 자처한 목사나, 사람의 생명을 붙잡아 보겠다는 의사나 세상이 볼 때는 성직자요, 명예로운 사람들이지만 이들 또한 그냥 사람이 아닌가? 사람은 평화를 유지할 수 있는 존재가 못 된다.
이번 일로, 평화란 얼마나 소중한 것인지를 다시 한 번 깨닫게 하셨다.

진정한 평화는 그리스도가 우리 안에 계실 때만 가능한 것이다. 내가 나의 주인인 이상 결단코 맞볼 수 없는 것이 평화인 것이다.

하지만 난, 오직 옳다고 생각하는 것 앞에서 화평을 놓치고 말았다. 나의 고집이 어쩌면 복음병원을 둘로 갈라놓았을지도 모른다.

복음병원이 커지면서 겪고 있는 여러 문제들 앞에서 난 무능했다. 오로지 무료진료만을 고집했지, 함께 가는 사람들의 마음을 돌아보지 못한 탓이지 않겠는가. 나는 화평하게 하는 삶을 살지 못했던 것이다.

화평케 한다는 것, 그것은 내 삶의 주인이 예수님임을 증명하는 것이다. 과연 주님은 내가 어떻게 이들을 품고 가길 기대했을까? 심지어 이사장까지도 말이다.

이제 난, 평화를 위해 살아가기를 다짐했다.

11장 길을 찾다

하늘을 찌를 듯하다는 고딕의 예배당도 나에게는 하나님의 영광이 느껴지지 아니하고, 사람의 예술품은 될지언정 맘몬의 재주인 듯하다는 느낌이 든다. 또 우리는 이 세상에서 권세와 지위와 명예, 그리고 사업의 번영들에 대하여 하나님의 축복이라고 생각하고 축하한다.

그러나 그것들이 과연 하나님의 영광을 사모하여 살던 사람들에게 내려 주시는 선물이었던가? 자기도 모르는 사이에 맘몬과 타협해서 산 결과로 된 것은 아니었는지 반성할 필요가 있다.

1987년 12월 9일, 난 세계여행 일정을 마치고 돌아왔다. 가끔 일 때문에 해외를 다녀올 기회가 생기면 다른 나라 이야기를 성도들과 함께 나누곤 했다. 외국에 나가 볼 기회가 많지 않은 성도들은 그런 내 이야기를 재미있게 들었다. 그래서였는지, 여행에서 돌아오니 '산정현교회'에서 환영행사를 준비했다.

늘 그랬듯이 강단에 서있는 날 바라보는 성도들의 눈빛은 호기심으로 가득했다.

난 준비한 원고를 읽기 시작했다.

"세계를 돌고 왔는데 하나님의 나라는 동쪽이나 서쪽이나 똑같다는 걸 알았습니다. 한국에서 밀을 심으면 밀이 나오는 것처럼 서쪽에서도 밀을 심으니 밀이 나오더군요. 나는 이제 진리를 찾았습니다. 오늘 이후로는 교회에서 날 보지 못할 것입니다. 나는 교회를 떠납니다. 1988년 첫 주부터 내가 확신한 그 길로 갑니다. 혹시 날 보고 싶은 사람이 있으면 그곳으로 오시면 볼 수 있습니다."

예배당이 술렁거리기 시작했다. 난 원고를 챙겨 조용히 교회를 나섰다.

이번 여행의 목적은 '종들의 모임'을 구체적으로 알고 싶어 떠난 여행이었다.

1979년 8월 31일 난 동양의 노벨상으로 불리는 '라몬 막사이사이상'을 받았다. 사회봉사 부분에서, 부끄럽게도 부족하기 짝이 없는 내가 선정된 것이다. 아무래도 전쟁을 겪은 대한민국을 유심히 본 탓이지 싶다.

1988년은 라몬 막사이사이상이 30주년을 맞이하는 해다. 태국 국왕은 이날을 기념하기 위해 역대 수상자들을 초청했다. 평소 태국에 '종들의 모임' 선교사가 있다는 것을 알고 있던 나는 여행 일정을 짜서 전 세계의 '종들의 모임'을 확인하고 싶었다. 처음 손동길의 소개를 받았을 때만 해도 이 모임은 단체명도, 건물도, 조직의 활동내역도 존재하지 않는 단체였다. 지금도 역시 그렇지만 내가 편한 대로 '종들의 모임'이라고 불렀다.

손동길은 처음 종들의 모임에 대해 듣고는 흥분을 감추지 못했다.

"선생님, 제가 오늘 무슨 이야기를 들었는지 아세요?"
"무슨 일인데 이렇게 들떴어?"
손동길은 내 손을 끌고는 조용한 곳으로 갔다.
"선생님, 하늘에 보물을 쌓으려면 어찌해야 될 것 같으세요?"
나는 손동길을 살폈다.
"박영식 선생이 저에게 그렇게 묻는 거예요."
"그래서?"
"전, 장로가 돼서 그것도 모르냐면서, 헌금을 옳게 드리면 하늘에 보물을 쌓는다고 말했지요. 그랬더니."
난 박영식의 대답이 궁금해졌다.
" '돈을 바쳐서 하늘나라로 간다면 돈이 보물이냐?' 하는 겁니다."
"그게 끝이야?"
"아니요. 만약 진실을 알고 싶으면 목요일 아침 7시 30분에 광복동에 있는 '김봉희 이비인후과'로 영어성경 가지고 나오라는 거예요."
난 뭔가 그동안 찾아 헤매던 길을 만난 기분이었다.
"아직도 그렇게 순수하게 믿는 사람들이 있단 말이냐?"
"저도 깜짝 놀랐습니다. 물질의 복이 곧 하늘의 복이라고 생각하는 지금의 교회랑은 전혀 다른 생각을 갖은 사람들인 것 같아요."

"그런 분들의 말씀이라면 우리 모두 같이 들어야지. 말씀 전하시는 분을 모실 수 있는지 알아봐라. 동길아."

내 성질을 잘 아는 손동길은, 그 길로 선교사가 사는 곳 주소를 받아서 찾아 나섰다. 미리 선교사를 만나고 돌아온 손동길은 믿기 어려운 이야기를 펼쳐 놓았다.

"선생님, 정말 놀랍습니다."

"뭘 보고 왔는지 어서 얘기해 봐."

"저는 선교사라고 해서 근사한 서양식 집에 살 줄 알았어요. 그런데 정말 간신히 작은 나무침대 하나 들어가는 방에 사시는 겁니다."

사실 이쯤만 해도 그다지 놀랍지는 않았다.

"그런데 제가 도착했을 때는 기도시간이었는지 2시간이 넘게 집중하시더라고요."

"그래서."

"제가 누굽니까. 병원에 늦는다고 하고 기다렸지요."

"그래서, 만나 이야기는 전했고?"

"네."

나는 합격통지서를 기다리는 수험생처럼 가슴이 두근거렸다.

"우리 교회에 오시겠다던?"

"네."

길을 찾다

나는 만세를 불렀다. 우리 성도들에게 꼭 필요한 말씀을 주실 수 있는 분이라는 확신이 들었다.
"그런데, 조건이 있습니다."
"무슨 조건?"
"첫째는 잠자리채로 헌금을 거두지 말라고 하셨고, 둘째는 사례금을 받지 않으시겠다고요."
난 마음속으로 고개가 끄덕여졌다.
"수고했다."
난 선교사가 산정현교회에 올 날을 손꼽아 기다렸다. 예수님께서 오신다면 이렇게 가슴이 뛰겠지 싶었다.
그 날 설교는 마치 사도행전 시대에 바울로부터 듣고 있는 듯 착각이 들 정도였다. 예배 중에는 박수가 금기되었던 장로교에서 교단이 무의미할 정도로 여기저기서 박수가 쏟아져 나왔다. 그것이야말로 생명과 같은 말씀을 듣고 살아 반응하는 성도들의 진심이었다. 하나님께서는 그 박수를 영광의 환호로 들으셨으리라. 그러나 그 후로 다시는 산정현교회에서 그 선교사님을 모신 적이 없었다
손동길은 그 길로 '종들의 모임'에 나갔고, 난 두 곳을 모두 섬겼다.

태국 국왕의 초대를 사양하지 않은 이유는 '종들의 모임' 때

문이었다.

반드시 만나야 할 분이 있었다.

나와 손동길은 태국행 비행기에 몸을 실었다.

비행기 안에서 손에 잡힐 듯한 구름을 보며 생각에 잠겼다.

'주님, 내 평생의 긴 시간 끝, 이른 일곱이라는 나이에 당신을 따르는 것이 어떤 삶인지 명확히 볼 수 있는 순간이 드디어 온 것 같습니다. 이 길을 지켜주십시오. 분명히 보고 깨달을 수 있도록.'

우리는 우선 정해진 스케줄에 따라 행사에 참여했다.

그러고는 '종들의 모임'을 통해 알게 된 선교사님이 있는 곳을 찾아갔다. 종이에 적힌 주소 앞에 도착하자, 난 경악을 금치 못했다.

마을 입구에서부터 설마, 설마 했던 것이 현실로 눈앞에 벌어졌다. 선교사가 머무르는 곳은 이동식 텐트였다. 대충 대를 세우고 아주 낡은 천을 덮어쓰고 있었다. 나눌 것도 없지만 굳이 나누자면 반은 모임의 장소로 나머지는 사람 하나 누울 만큼의 좁은 공간이었다. 그저 평상을 깔아 놓은 듯한 침상 위에는 성경책 한 권이 놓여 있었다.

텐트 안은 짐이 거의 없었는데, 물건이 없어서 느껴지는 허전함과는 다른, 뭔가 표현하기 어려운 정돈되고 깨끗한 영적인 기운이 느껴졌다. 마치 이 텐트 주인의 마음을 느끼는 것 같았다.

흰머리가 희끗한 선교사는 시원한 차를 내왔다.

"많이 덥습니다. 드시지요."

우리는 마침 더운 터라 감사히 마셨다.

"선교사님, 종으로 섬긴 지 얼마나 되셨어요?"

난 조심스럽게 물었다.

"이젠 가물가물한 데, 한 50년 된 것 같습니다."

"50년이요? 아니 그럼 그 오랜 세월 동안 얼마나 많은 사람들에 대한 구원의 확신을 보셨나요?"

선교사는 잠시 생각에 잠기더니 수줍게 웃으며 대답했다.

"2명이요."

난 뭔가에 머리를 한 대 맞은 듯했다. 50년을 일했는데 고작 두 명이라니. 물론 하나님의 계산법이 수에 따르는 것은 아니지만. 그 세월 동안 두 명의 열매를 보기까지 고뇌가 오죽했을까 싶었다.

한국교회는 성도 수라도 줄라치면, 전도 대회다 부흥회다 하면서 머리 수를 늘리는 데 온 힘을 다 하는데, 50년 동안 두 명이라니. 내 머리로는 계산이 되지 않았다.

"선교사님, 50년의 세월이 허무하지 않으십니까?"

선교사는 온화한 미소를 잃지 않았다.

"아니요. 그런 마음은 없습니다. 하나님께서 날 보내셨고. 난 삶으로 전했으니까요. 열매를 거두시는 것은 하나님의 몫입니다. 열매는 저의 영역이 아닙니다."

내가 그동안 무엇을 보며 살았는지. 억울함이 밀려올 지경이었다. 난 무릎을 꿇을 수밖에 없었다.

내가 살아온 삶이 정녕 하나님의 은혜였음을 다시 한 번 절감했다. 이토록 아무것도 모르고 무턱대고 예수쟁이라고 자처하며 살았던 내 모습이 부끄러웠다. 심지어 겸손한 척했지, 진정으로 내 안에 있는 주인의 의자를 내어 드린 적이 없음을 깨달았다. 난 너무 많은 것을 끌어안고 살았던 것이다.

이제 얼마 남지 않은 내 길이 정해졌다.

내가 처음 종들의 모임에 참석한 것은 치과의사인 구창수 박사의 집이었다. '종들의 모임'은 20명이 넘게 되면 분립해야 하기 때문에 우리 집에서도 새로 한 그룹이 생겼다. 그런데 문제는 그 집이 바로 고신대 복음병원 옥상에 있었다는 것이다. 고신 교단 입장에서는 주일마다 들락거리는 사람들이 눈에 거슬렸을 법했다.

어느 날인가, 보다 못한 고신 교단 총회장과 고신대 학장 등 네 명이 집으로 찾아왔다.

"어서들 들어오세요."

다들 헛기침을 하며 들어와 앉았다.

옆에 있던 손동길이 잔뜩 긴장하며 차를 내왔다.
"장기려 박사님, 여기만 진리입니까?"
모두 쥐 죽은 듯 대답을 기다렸다.
"박사님, 내가 신학교에서 학생들을 몇 년 가르쳤습니까?"
"십 년 조금 안 되네요."
상당히 성의 없는 말투로 대꾸했다.
"그렇군요. 참, 곽 목사님. 내가 삼일교회에 가서 얼마나 설교 했습니까?"
"헤아릴 수 없이 많이 다녀가셨지요."
난 고개를 끄덕이며 말했다.
"그렇지요? 제가 신학교에 가서 요한계시록을 가르쳤습니다. 교회 가서 설교도 많이 했고요. 그때는 하나님에 대해 뭘 좀 아는 줄 알았습니다. 그런데 말입니다. 요즘, 너무 모른다는 생각이 듭니다. 초등학교 1학년보다 못한 꼴이지요. 그래서 지금, 보고 배우는 중입니다."
내 말이 끝나자 다들 눈을 피했다.
"마침, 오늘 모임이 있습니다. 궁금하시면 와 보시지요."

난 장소를 일러두고는 먼저 서둘러 나섰다. 늘 그렇듯 가장 앞자리에서 예배를 드렸다. 잠시 웅성거리는 소리가 들렸지만 신경 쓰지 않았다. 예배가 끝나자 손동길이 내 옆에 바짝 붙어

섰다.

"선생님."

"목사님들이 왔던 것 같은데 잘 듣고 가셨나."

손동길이 누가 들을세라 조용히 귓전에 말했다.

"말해 뭐합니까, 말씀 전하는 종이 넥타이를 안 맸다고, 들어 볼 필요도 없다고……."

그저 안타까운 마음이 컸다. '종들의 모임'은 삶이 예배되기 위해 보이지 않는 몸부림으로 날마다 하나님 앞에 서는 사람들이었다. 하나님의 부르심 앞에 '종'으로 응답한 사람들은 함께 믿음생활을 하는 '형제, 자매'들을 위해 헌신했다. 정말 종으로 살았던 것이다. 생업에 종사하는 '형제, 자매'들은 성경에서 말씀하시는 삶이 실제가 되어 살아드리기 위해 겸손히 이웃을 섬겼다. 따뜻한 말로, 가진 것을 나누는 것으로, 때로는 함께 울어주며 말이다. 예수님이 그렇게 사셨듯이.

한평생을 살아오면서 나는 궁금한 것 한가지가 있었다. 말씀은 온통 예수님을 이야기하고 있는데, 정말 예수님을 닮고자 사는 사람들이 실제로 존재할까? 지금 함께하는 '종들의 모임'이 그러했다. 죽기까지 낮아지신 예수님의 발자국을 따라가고 있는 것이다. 고아와 과부를 돌보고 함께 아파하고 우셨던 발자국 말이다.

이들에게 직업은 중요하지 않았다. 내가 있는 자리에서 남자나 여자나, 부유하거나 가난하거나, 노인이나 아이나. 그 누구도 예수님을 따르기에 부족한 사람은 없었다. 주님이 사랑으로 채우시기 때문인 것이다.

이제야 나는, 길을 찾았다. 평생을 헤매고, 돌아온 길을. 어찌 그 길이 '종들의 모임'에만 있다고 할 수 있겠는가?

하나님은 말씀안에 그 길을 명백히 보여 주셨다. 누구에게나 열려있는 말씀. 예수 그리스도 말이다.

새롭게 찾은 길에서, 내 일은 날마다 감사의 기도로 열매를 맺었다. 모든 제도권을 떠나 오직 예수님의 손길이 필요한 곳에서 진정한 자유를 얻었다. 해야만 하는 일처럼 여겨지던 무의촌 진료가 이제는 숨처럼 느껴졌다. 날마다 만나는 환자들은 모든 순간 예수님을 맞는 듯했다. 예수님이 말씀하셨던 그분의 십자가는 나의 멍에보다 비교할 수 없을 만큼 가벼운 것이었다.

사람이 사람답게 살려면 사람답게 산 사람을 보아야 합니다. 그 사람은 바로 예수 그리스도이십니다. 예수님은 종교적이면서 현실적이었습니다. 현실을 쌓아 올려 이상에 이르려고 하지 않고, 이상에서 살면서 현실을 지도하신 분이십니다. 그러므로 하나님과 같이 사셨고, 또 사람답게 사셨습니다. 그는 자유롭게 도덕을 완성하셨습니다.

〈부산모임〉 1982년 4월호

12장 사랑하는 이가 있는 곳

경건한 인격자가 되라.
하나님으로부터 진실하다고 인정받는 자,
자기 양심에 이웃에게 사랑을 베풀었다고
자만할 수 있는 자가 되라.

1995년 무더운 여름이 지나갈 때쯤, 나는 '고신의료원'에 입원했다.
'똑똑똑'
"장 선생님!"
무료한 병실에 양덕호 박사와 이경수 장로가 찾아왔다. 그리고 또 한 사람, 사진기사도 있었다.
"몸은 좀 어떠세요?"
"나야, 얼마 남지 않은 몸뚱이 매일 똑같지요."
"다름이 아니라, 저희가 나중에 장 박사님을 기념하기 위해 사진을 좀 찍을까 하는데 괜찮으세요?"
"기운 없는 늙은이 찍어서 뭐하나, 흉하기만 하지."
"한 5분이면 되니까. 부탁드립니다."
그런데 분위기가 좀 이상했다. 정면에서 몇 장 찍으면 될 일을 옆에서 찍고 뒤에서 찍고 사방으로 얼마나 찍어대는지.

"뭘 이렇게 요란하게 찍어요, 사진사 양반."

"곧 끝납니다 어르신, 나중에 동상을 뜨려면 여러 방향에서 잘 찍어야 하거든요."

난 순간 벼락을 치듯 소리쳤다.

"네 이놈들! 내 동상 만드는 그놈은, 반드시 벼락을 맞아 죽어라!"

그러자 사진기사가 얼마나 놀랐는지 혼이 빠진 얼굴로 줄행랑을 쳤다.

"장로라는 사람이 동상을 만들 궁리를 하다니! 이 벼락 맞을."

어디서 힘이 솟았는지, 나도 놀랐다.

벌써 이런저런 이유로 몇 번 쓰러지기를 반복했다. 우선 지병이었던 당뇨가 나이가 들면서 발목을 잡았다. 그리고 세 번이나 찾아온 '일과성 뇌혈관 순환부전'으로 발음장애까지 겪은 터라 갈수록 몸이 힘들어졌다. 그런 이유로 가용이의 걱정은 이만저만이 아니었다. 난 내가 몸담았던 부산에 있고 싶었지만 내 뜻만 붙잡고 있는 것은 욕심이었다.

"아버지, 제가 서울에 있는데 아버지께서 부산에 머무시면 전 어떻게 합니까? 아버지 마음을 헤아리지 못하는 것이 아니에요. 제발 서울 백병원에서 좀 더 치료에 힘써 봐요, 아버지."
"더 좋은 곳에서 치료받는다고 죽을 사람의 명줄이 길어지는 게 아니야. 내가 의사야, 내 몸은 내가 잘 알아."
그러자 아비의 고집이 서운했는지 못내 눈물을 보였다.
고집불통인 나도 자식 앞에서는 어쩔 수 없는 늙은이가 된 모양이다. 가용이의 눈물을 보면서까지 외면할 수는 없었다.
버티던 나는 1995년 11월 3일 서울 백병원에 입원했다.
84세, 매일 같이 링거를 받아들이는 혈관도 이제는 힘에 부치는 것 같다. 어제보다는 오늘, 붓기가 더 심해졌다.
나는 가용이과 손동길을 불렀다.
"둘 다 가까이 와봐."
두 아들은 조용히 따랐다.
"두 사람 다 손을 쥐봐라."
난 둘의 손을 허벅지 아래에 넣게 했다.
마치 구약에 아브라함이 그의 종에게 아들 이삭의 아내를 구해오라고 할 때 반드시 이스라엘 여인을 데리고 올 것을 맹세받았던 일처럼 말이다. 가용과 손동길은 순순히 손을 넣었다.
"너희들에게 꼭 다짐받을 것이 있다."
"말씀하세요. 아버지."
가용이 대답했다.
"첫째는 장례문제야. 가족장이든, 사회장이든 어떤 것이든 난 상관없으니 너희들 좋은 쪽으로 해라. 다만."

잔기침에 목이 메는 듯하자 손동길이 재빨리 물을 가져왔다. 난 목을 축이고 말을 이었다.

"장례예배는 '종들의 모임' 로빈슨 선교사가 시키는 대로 하거라."

"네, 아버지."

"그리고 두 번째는."

'쿨룩, 쿨룩.'

몇 마디 말을 잊기가 힘들었다.

"괜찮으세요? 나중에 하세요."

나는 고개를 저었다.

"아니야. 내 몸은 화장해서 부산 앞바다에 뿌려다오."

둘은 아무 말 없이 서로 바라봤다.

"왜, 대답들이 없어!"

"아버지, 그게."

"알겠습니다. 선생님."

"네, 아버지."

손동길이 답하자, 가용이도 따랐다.

12월, 연말이 다가오자 문병 오던 사람들의 발걸음도 조금 뜸해졌다. 다들 여기저기 인사치레에 바쁜 때지 않는가. 얼마 전부터는 기독교 라디오 방송에서 성탄절 찬양이 흘러나왔다. 깊은 밤 가끔씩 밀려오는 진통을 달래기에는 이만한 약도 없었다.

기쁘다 구주 오셨네.
만백성 맞아라
온 교회여 다 일어나
주 찬양하여라. 주 찬양하여라.
주 찬양, 찬양하여라.

1995년 12월 24일, 창문 넘어 칠흑 같은 어둠 사이로 누군가 몰래 뿌리는 듯 눈이 내린다.

저 흰 눈 넘어, 환한 아내의 얼굴이 보인다.
그 날처럼, 눈이 부시도록 하얀 이불 홑청을 마당 가득 널고 날 기다린다. 어찌나 바람에 날리는 흰 빨래가 정겨운지.

난 아내의 손을 잡았다.

기도 속에서 언제나 당신을 만나고 있습니다.

부모님과 아이들이 힘든 일을 당할 때마다 저는 마음속의 당신에게 물었습니다. 그때마다 당신은 이렇게 하면 어떠냐고 응답해 주셨고, 저는 그대로 따랐습니다. 잘 자란 우리 아이들, 몸은 헤어져 있었지만, 저 혼자서 키운 것이 아닙니다.

꿈속의 당신이 무의촌에 갔다 오면서 주머니 속에서 쌀 봉투를 꺼내 주시면 저는 하루 종일 기뻤습니다.

당신이 거기에서도 당신답게 사신다는 것을 혜원의 편지를 받기 전부터 저는 알았습니다.

이산가족들의 만남이 하루빨리 이루어진다면 얼마나 좋을까요? 팔십이 넘도록 살아 있음이 어쩐지 우리가 만나게 될 약속이 남아 있기 때문인 것 같습니다.

사랑하는 나의 친구 언제나 돌아오려나.
썩은 나뭇가지에서 꽃이 필 때에 오려나.
일구원심 나의 맘에 그대 마음 간절하다.
사랑하는 나의 친구 언제나 돌아오려나.

암만 말하여도 안타깝기만 하여 이만하고 당신과 가용이네 가족이 건강하여 만나게 될 그때를 기다리고 또 기다리겠으며 부디 옥체 건강하시기를 바라고 또 바라옵니다.

〈아내 김봉숙의 편지 전문〉

에필로그

북에서 온 편지

'장기려 박사'의 조카 장혜원은 미국에 살고 있었다. 한번은 '장기려 박사'가 미국에 있는 장혜원의 집에 잠시 들렀을 때 일이다. 밝은 달을 보며 대한민국에서 보는 달은 내 아내도 같은 시간에 볼 수 있는데, 미국에서 보는 달은 같은 시간에 볼 수 없다며 매일 같이 아내를 생각하며 바라보던 달을 볼 수 없는 것을 '장기려 박사'가 많이도 아쉬워했다. 이 모습을 너무도 마음 아프게 생각했던 장혜원은 '장기려 박사'의 아내인 김봉숙의 인적 사항을 적어 두었다가 북으로 들어가는 김성락 목사에게 전달하게 된다.

이것이 시작이 되어 가족들의 소식을 편지로 알 수 있었다.

가장 기쁜 것은 가족들이 모두 살아있다는 소식이었다.

다섯 아이는 '김일성 주석'의 특별한 배려로, 모두 '김일성대학'을 졸업했다.

그렇다고 가족들이 넉넉한 생활을 했던 것으로 보이지 않는다. 아내 김봉숙과 가족들은 '강계'라는 지역을 벗어날 수 없었고 늘 감시를 받으며 살았다.

첫 번째 서신이 성공적으로 남과 북을 이어 준 이후 활발하게 소식이 오고 갔다. 물론 직접 소식이 오고 갈 수 없었지만. 노년에 알게 된 가족들의 소식은 그야말로 하나님의 은혜와도 같았다.

그 날 평양에서 아내와 아이들을 외면할 수밖에 없었던 그때를 돌이켜 보면, 감히 짐작해 보지만 단 하루도 평안히 잠들 수 없을 만큼 죄책감에 시달렸으리라는 생각이 든다.

북을 향한 기도

1983년, 한참 '장기려 박사'가 가족들의 생사를 확인하고 기쁨에 잠길 무렵.

6월 30일, 대한민국은 '이산가족 찾기'라는 생방송을 통해 온 국민이 눈물바다가 되었던 시간을 보내고 있었다. 생이별의 아픔을 가슴에 묻고 산 그들이 헤어진 가족을 찾고 소식이 닿아 감격하는 모습을 보며, 우리는 모두 같이 울었다.

그러나 북한은 그 뒤로 숨어 어마어마한 일을 꾸미고 있었다. 1983년 9월 1일 새벽, 뉴욕을 출발해 김포공항으로 향하던 KAL기가 소련 영공에서 미사일에 폭파되었다. 북한의 소행이었다.

또한, 1983년 10월 9일. 대한민국 '전두환 대통령'과 관료들이 동아시아국가 순례 방문으로 미얀마의 수도 양곤을 방문하게 되었다. 대한민국 사절단은 우선 미얀마 건국신을 제사하는 '아웅산 묘소'에 들를 계획이었다. 이렇게 대한민국 사절단이 도착하고 많은 사람이 모여든 시간 처참한 폭발테러가 일어났다. 순식간에 아수라장이 된 아웅산 묘소에서 많은 사람들이 죽었다.

이 사건의 배후 역시 북한이었다. '전두환 대통령'을 암살하려던 것이다. 다행히 대통령의 도착시각이 조금 늦어진 덕에 전두환 대통령은 무사할 수 있었다.

'장기려 박사'는 이 사건들을 접하며 그동안 기도하지 못했던 회한의 마음을 글로 남겼다.

'나는 그리스도를 구주로 믿는 한 사람으로서 날벼락을 만난 각료들과 나를 동일화하여 생각해 보게 되었고, 또 이 일을 저지른 사람들이 내 동포라고 생각할 때에 그 만행을 감행한 자들의 죄책도 나와 관련시켜 생각해 보게 된다. 나는 왜 공산주의자들을 위해서는 긍휼히 여기는 마음으로 기도하지 아니했던가 하고 회개하는 마음이 일어났다.'

기회

 1950년 12월 3일, '장기려 박사'가 평양 시내 한복판에서 가족과 생이별의 아픔을 안아야 했던 날을, 우리는 기억할 것이다.
 평생을 가족을 그리워하면, 한 번 하나님이 맺어주신 부부의 인연을 굳게 잡고 마음을 지켰던 '장기려 박사'에게도 가족을 만날 기회가 왔다.
 1985년 국가에서 진행된 고향방문단의 대표 중 한 사람으로 내정된 것이다.
 사실, 대한민국 입장에서 보자면, 남북한의 관계를 유순한 분위기로 이끌기에 적합한 인물로 '장기려 박사'를 선택했을 가능성이 크다. 이유는 '장기려 박사'는 '김일성의과대학'에서 '김일성 주석'이 가장 신뢰했던 교수였기 때문이다.

 그의 뛰어난 의술도 한몫을 했겠지만, 작가의 생각은 조금 다르다.
 '김일성 주석'의 눈에 '장기려 박사'는 꽤나 남달라 보였을 것이다. 그는 죽음을 각오하고 '공산주의 정권'에 흡수되지 않았다. '유물론' 자체가 신을 거부하는 사상임으로, '여호와 하나님' 한 분만 따르는 그에게 '공산주의'는 하나님을 버려야만 가능한 사상이었다. 그럼에도 불구하고, 이런 '장기려 박사'의 고집까지도 받아드릴 수밖에 없었던 것은 그의 헌신적인 의술이었다.

선한 행위는 누구에게나 모두 똑같은 감동을 일으킨다.

늘 "예수님이셨다면 이 환자를 위해 어떤 결정을 하셨을까?"라는 마음을 품고 의술을 해왔던 '장기려 박사'는 진정 '나는 없는' 삶을 살았다.

병원비가 없는 환자를 몰래 병원 뒷문으로 빠져나가게 하면서 자신의 월급을 털고, 전쟁통에 피가 부족해 치료가 힘든 상황에서 자신의 피를 아깝지 않게 내어 주며 살리고자 했던 그의 희생도, 역시 '나는 없는' 삶이었다.

이렇듯 깊은 '장기려 박사'의 의술을 보며 '그'가 믿는 하나님을 감히 끌어내릴 사람은 없었을 것이다. 심지어 '김일성 주석'이었어도 말이다.

다시 본론으로 돌아와 보자.

그렇게 어렵사리 얻은 기회에 '장기려 박사'는 어떻게 반응했을지 궁금하다.

우선 '장기려 박사'의 대답은 'NO!'였다.

모두가 가족과의 생이별로 가슴을 치며 잠 못 드는 밤을 넘기는데 본인만 특별대우로 갈 수 없다고 했다. 이산가족의 마음을 그들 못지않게 잘 알기에 그 많은 사람을 뒤로 한 채 '내 가족'을 만나러 갈 수 없었다.

이때 당시 '전두환 정권'은 무슨 일이 있어도 화해적 분위기를 위해 '장기려 박사'를 이북으로 보내야만 했을 것이다. 하지만 '장기려 박사'는 정권에 휘둘리지 않았다. 간곡하게 청원하러 온 관료에게 한 이야기를 들어 보면 더욱 그의 굳은 심지를 알 수 있다.

'좋소, 억지로라도 보낸다면 별수 있겠소? 그런데 이것 하나만은 알아 두시오. 나는 가족을 만나면 다시는 헤어질 수가 없소. 그런데 아내와 자식들을 데리고 내려오는 것은 아마 불가능 할 테니까. 그러면 그냥 내가 거기 눌러앉아 죽을 때까지 살 거요. 내가 하나님을 믿는 사람이라 거짓말을 못 해서 드리는 말씀이니, 그래도 좋겠거든 보내 주시오.'

결국, '장기려 박사'는 기회를 선택하지 않았다.

'장기려 박사'는 자신의 인생을 송두리째 하나님 앞에 던져 놓았다.

어떤 상황이든 하나님 앞에서 싸워냈다. 스스로가 바라볼 때는 그저 흐르는 강물처럼 하나님의 시간 속에서 표류했던 인생에 불과하다고 생각했을지 모르지만 말이다.

그는 하나님이 허락하신 길을 묵묵히 걸었던 의사였다.

작가의 말

내가 익히 들어 왔던 '장기려 박사'의 수식어는 참으로 화려했다.

이미 많은 책으로 나와 있는 그의 이야기는 나로 하여금 동경과 존경의 대상이 되었다.

원고 의뢰를 받고, 처음 설레는 마음으로 자료들을 살폈다. 하지만 시간이 흐를수록 내가 미처 알지 못했던 '장기려 박사'의 삶의 무게가 내 어깨를 누르기 시작했다.

그 부담감이 얼마나 컸던지 컴퓨터 화면에 깜빡이는 커서를 한 칸도 넘기지 못하고 다시 덮는 날이 허다했다. 그렇게 버거운 날이 지나고, 다시 그의 인생의 기록들을 처음부터 돌아보았다.

그러던 중 발견한 것은 바로 '그 자리에서 최선을 다했던 삶, 항상 누군가와 더불어 이루었던 하나님의 뜻.'으로 함축되는 인생이었다.

처음 의사의 길을 선택한 것이 비록 궁여지책이었지만 결국 '장기려 박사'는 할 수 있는 최선을 다했고, 평양기홀병원을 선택한 것도 하나님 앞에서 약속한 것에 대한 최선이었던 것이다.

우리는 '장기려 박사'의 큰 업적 뒤에 숨은 사람들의 수고를 잊는다. 하지만 '장기려 박사'는 단 한 번도 그의 글에서, 그들을 빼놓은 적이 없다.

'복음병원'은 어떻게 세워졌는가?

전종휘 목사를 통해, 가난하고 소외된 사람들을 향한 마음이 준비되었던 '장기려 박사'를 사용하셨다. 그리고 뜻을 함께하는 수많은 의료진이 더불어 세웠다.

또한, 채규철의 제안을 시작으로 '청십자의료보험'과 '장미회'가 시작되었고, 뜻을 같이하는 사람들과 함께 꾸려갔다.

장기려 박사는 자신이 어디에 서야 할지 분명하게 알았고, 선택한 길에서 물러서지 않고 걸어갔다. 예수님의 마음이라고 생각이 들면 망설이지 않았던 것이다.

'장기려 박사'가 남긴 업적이 실로 크지만, 그가 가슴에 품은 삶의 무게는 그 누구도 헤아릴 수 없었을 듯하다. '성자'라는 한마디로 표현하기에는 끊임없는 자신과의 싸움이 너무 치열했던 것이다.

'장기려 박사'가 태어난 시기는 이미 일제 강점기였고, 그는 살을 도려내는 듯, 매서운 칼바람 같은 대한민국 근현대사의 아픔을 온몸으로 맞아야 했다.

매일 밤 달을 보며 '저 달을 북녘의 아내도 보겠지.' 하는 한 자락 소망으로 하루를 견디며 살았으니 그 마음이 오죽했겠는가? 그의 아픔을 온전히 알고 계신 분은 오직 하나님뿐이셨고, 위로가 되신 분도 하나님뿐이셨다. 그러했기에 그 모진 삶을 견딜 수 있었으리라.

그의 삶은 사명을 쫓아 살았던 삶이 아니었다.
단지, 그는 부르신 곳에 있었고, 그곳은 사명이 되었다.

2015년 10월 곱게 단풍이 물든 가을 날, 박지연.

연보

1911	평안북도 용천 출생
1928	개성 송도고등보통학교 졸업
1932	경성의학전문학교 졸업, 김봉숙과 결혼
1940-1945	평양연합기독병원 외과 과장
1942	〈성서조선〉사건에 연루, 평양경찰서 구류(12일)
1943	한국 최초 간암의 설상절제수술 성공
1945-1950	평양도립병원 원장, 평양의과대학 외과 교수
1951-1976	부산 복음병원 초대원장
1953-1972	서울대, 부산대, 가톨릭대 의과대학 외과 교수
1957	성서연구를 위한 부산모임 시작
1959	한국 최초로 간암에 대한 대량 간 절제술 성공
1961	대한의학회 학술상(대통령상) 수상

1968-1979	부산 복음간호전문대학 학장
1968- 1989	청십자 의료보험조합 설립, 대표이사
1974	한국 간연구회 창립, 초대 회장
1975-1983	청십자병원 설립, 대표이사
1976-1993	부산 아동병원장 겸 이사장
1976	국민훈장 동백장
1979	막사이사이상 (사회봉사 부문) 수상
1979-1994	부산 백병원 명예원장
1990	북녘의 아내에게 보내는 '망향편지' 〈동아일보〉 기고
1991	정부의 방북 제안 거절
1995. 12. 25	소천

장기려, 그 길을 따라

발행일	2015년 12월 6일 초판 발행
	2015년 12월 25일 2쇄 발행
발행인	김재현
저 자	박지연
편 집	KIATS 편집팀
디자인	박송화
펴낸곳	한국고등신학연구원(KIATS)
주 소	서울시 용산구 한강로 1가 228 한준빌딩 1층
전 화	02-766-2019
팩 스	0505-116-2019
E-mail	kiats2019@gmail.com
ISBN	978-89-93447-76-7(03230)

- 본 출판물의 저작권은 한국고등신학연구원(KIATS)에 있습니다.
- 사전동의 없이 무단으로 복사 또는 전재하여 사용할 수 없습니다.

이 도서의 국립중앙도서관 출판예정도서목록(CIP)은 서지정보유통지원시스템 홈페이지(http://seoji.nl.go.kr) 와 국가자료공동목록시스템(http://www.nl.go.kr/kolisnet)에서 이용하실 수 있습니다. (CIP제어번호: CIP2015032477)